MW00744716

L'EFFORT ET LA GRÂCE

« Espaces libres »

DU MÊME AUTEUR

Le Maître des béatitudes
Albin Michel, 2000

Les Nourritures silencieuses. Aphorismes
Éditions du Relié, 2000

Les Dix Commandements intérieurs
Albin Michel, 2004

L'Obligation de conscience
Éditions du Relié, 2004

La Conscience corporelle :
des exercices pour relier le corps à l'être
Éditions du Relié, 2005

La Pensée comme voie d'éveil
Éditions du Relié, 2005

YVAN AMAR

L'EFFORT
ET LA GRÂCE

ENTRETIENS

Albin Michel

Albin Michel
■ *Spiritualités* ■

Collection « Espaces libres »
dirigée par Marc de Smedt et Jean Mouttapa

A ma femme Nadège

Préface

Comment se diriger vers l'éveil de conscience, le vivre et l'incarner dans son corps et son esprit ?

Cette question que nous sommes tant à nous poser et qui est celle-là même de toute démarche spirituelle digne de ce nom, Yvan Amar l'a brandie tout au long de son existence, il y a voué sa vie entière, chaque jour, dans un souci d'approfondissement permanent de cet essentiel qui est en nous.

Il insiste, aujourd'hui comme hier, sur le fait que cette incarnation doit se considérer elle-même comme une dynamique constante de l'éveil, que rien n'est jamais acquis, quelle que soit l'expérience que l'on en a, et qu'un chercheur spirituel se doit d'être sans cesse vigilant, et ce jusqu'au bout du chemin de la vie, sans trêve, sans illusion sur la stabilité de son état, sans souci de confort intérieur ni de réalisation achevée.

Une journée, une vie, dit un fameux kôan zen : tout est toujours à refaire.

Cet ouvrage témoigne avec force de cette leçon de courage sur la voie de l'absolu. Et dans la maïeutique originale qu'il révèle au fil des questions et des réponses, Yvan Amar démystifie bien des poncifs de la spiritualité et dépoussière les processus de recherche intérieure : il en traque le sel, le goût âpre, il en révèle le sens caché.

Il nous parle aussi de la nostalgie d'un réel enfoui en nous et autour de nous et que nous avons tellement de mal à saisir, comme s'il nous échappait au fur et à mesure de notre avancée vers lui. Et pourtant cette réalité transcendante existe, il en témoigne avec force.

Mon ami, Yvan : durant la quinzaine d'années où nous nous sommes connus et rapprochés l'un de l'autre, je ne l'ai jamais vu lâcher ce cap qu'il s'est fixé et qui est celui de l'authenticité. Quels que soient les soucis, ceux occasionnés surtout par sa maladie, cet asthme grave qui l'amène à chercher avec douleur son souffle, il ne s'est jamais départi ni de cette sagesse roborative qui est sienne ni de cet humour qui fait que les moments passés avec lui sont remplis de rires, de joie. Un ami spirituel dans tous les sens du terme : quelle bénédiction que d'en côtoyer un et d'avoir goûté cette dignité, cette sincérité et cette clarté qu'il a su insuffler avec grâce à toute relation.

On retrouvera cette saveur unique dans les entretiens qui vont suivre où, face à divers interlocuteurs et interlocutrices, Yvan Amar dévoile sa philosophie de l'existence, son art de vivre et de penser, son être. Il s'y révèle un pur miroir de nos préoccupations et de notre quête.

Marc de SMEDT

N.D.E. : Pour les mots signalés par un astérisque, se reporter au glossaire, page 199.

Chapitre 1

Au risque de la vie

Votre nom, Amar, est déjà tout un enseignement. Est-ce votre nom de baptême ?

Vous faites sans doute allusion à la ressemblance avec le verbe « aimer » en latin. Amar est bien mon nom, mais il vient de l'hébreu par mon père, Jacob Amar, qui était le fils du rabbin Shelomo Amar. Pour la petite histoire, c'est mon grand-père qui a circoncis André Chouraqui et qui a écrit la Torah pour la synagogue construite par sa famille à Aïn-Temouchent, en Algérie. C'est un nom très courant dans le bassin méditerranéen. En hébreu, c'est le verbe « dire », le dire de Dieu qui crée le monde, le décret divin.

VOYAGE VERS L'INDE

Pourquoi, étant jeune, vous êtes-vous intéressé à l'Inde ?

Plusieurs facteurs ont joué. Il y avait indéniablement, vers la fin des années soixante, un mouvement naturel qui portait vers l'Inde. À cette époque, j'étais ce qu'on appelait un « routard », et sur la route on parlait beaucoup de l'Inde. Et puis, j'avais lu un texte qui m'avait énormément touché, *Les Grands Initiés* d'Édouard Schuré, évoquant la vie des sages et des prophètes qui, à différents moments de l'histoire de l'humanité, ont témoigné du sens de la vie. J'avais surtout noté l'importance qu'avait eue pour eux une relation avec un maître, et comment elle avait contribué à faire d'eux ce qu'ils étaient. Cela m'avait fait ressentir le manque profond d'une telle relation dans ma vie ; l'esprit de cette relation n'existait en tout cas ni dans ma famille ni chez mes éducateurs ou mes professeurs, ni même chez des amis précieux. Je devais avoir dix-sept ans. À cette époque, le soir en me couchant, il m'arrivait de prier le Seigneur qu'il m'accordât de rencontrer un jour un tel être et de vivre la même relation.

Puis, au cours de l'été 1968, à Nice, j'ai rencontré celui qui, le premier, m'a mis sur la voie. Il revenait de l'Inde, son nom de route était Baudelaire, Joël Queyras pour l'état civil. Il avait toute l'apparence d'un sâdhu* indien, version occidentale : cheveux longs, longue barbe, tunique indienne, écharpe de Bénarès et mâlâ* autour du poignet. Mais, au-delà du « déguisement », il avait dans les yeux quelque chose que je découvrais pour la première fois : le feu, la passion. Cette rencontre fut décisive. Alors que nous étions assis face au soleil couchant qui se reflétait sur la mer, il me dit une chose très simple : « Tu vois, on est comme des petits récepteurs qui captent un programme en cours. Si le récepteur est ouvert, on voit le programme. S'il est fermé, on ne le voit pas, mais ça n'empêche pas le programme d'exister. » Cette phrase, bien que très banale, me bouleversa au plus profond de moi et eut le pouvoir de résumer toutes mes questions en une seule : « Comment ouvrir le récepteur ? » Il eut l'honnêteté de me répondre qu'il ne le savait pas, mais qu'il revenait d'Inde où des hommes enseignaient cela. Nous passâmes une journée ensemble. Il me conseilla d'acheter *L'Enseignement de Râmakrishna*, ajoutant que cet ouvrage contenait les indications les plus précieuses concernant l'ouverture du récepteur. Ce jour-là, Joël me fit découvrir la nourriture végétarienne, il m'apprit à chanter les mantras et m'initia à la pratique de la méditation. Une journée décisive dans ma vie !

Ensuite, je suis parti au Danemark où j'ai passé l'hiver et le printemps suivants, ayant emporté un seul livre de chevet, *L'Enseignement de Râmakrishna*. Enfin, je me suis décidé : ce que j'avais cherché sans le trouver en Occident, j'avais le sentiment que je le rencontrerais en Inde. C'est ainsi que j'ai pris la route, au début de l'automne 1969, en auto-stop, avec l'intention de me rendre à Rishikesh, petite ville du nord de l'Inde située sur les contreforts de l'Himalaya, au bord du Gange. J'étais persuadé d'y rencontrer l'homme qui me permettrait de vivre cette relation dont je ressentais profondément le manque.

CHANDRA SWAMI

Dès mon arrivée en Inde se produisirent plusieurs coïncidences. Je rencontrai d'abord des Canadiens ; l'un d'eux avait entendu parler d'un sage qui vivait sur une île forestière, au milieu du Gange, sur les contreforts de l'Himalaya. Puis, à Rishikesh même, une Américaine me confia qu'elle avait passé de nombreuses années en Inde, et qu'un seul homme pouvait à ses yeux être qualifié de maître, de guru authentique : il vivait sur une petite île forestière, au milieu du Gange, sur les contreforts de l'Himalaya. Le lendemain, une troisième personne, une jeune Européenne, me dit qu'elle avait rencontré un sage qui vivait sur une île forestière, au milieu du Gange, et que depuis elle voulait suivre son enseignement. Elle me montra le livre de cet homme, qui était Chandra Swami. Dès que je le vis en photo, je me sentis appelé. L'Américaine me prêta ce livre que je lus d'une traite et, comme il était très difficile de se le procurer, j'en recopiai les trois quarts pendant la nuit ! Le lendemain matin, lorsque je lui rendis le livre, la dame m'expliqua comment me rendre auprès de Chandra Swami et je partis aussitôt. Il y avait tout juste quinze jours que je me trouvais en Inde.

C'était en novembre. J'arrivai à l'âshram* où pouvaient loger les visiteurs. Le swami* séjournait alors au Cachemire, mais il ne tarderait pas à rentrer. Je savais qu'il avait accompli une partie de sa sâdhana* dans cette région et qu'il rendait régulièrement visite à ses devotees*. Un matin, vers cinq ou six heures, on vint frapper à la porte de ma chambre pour me demander si je voulais voir le swami qui passait à l'âshram avant de regagner sa hutte dans la forêt. On m'amena dans une pièce et je me retrouvai devant Chandra Swami. Il ne se passa rien d'extraordinaire, mais trois choses me frappèrent à cet instant. D'abord, la beauté de cet homme m'apparut comme un témoignage incontestable : seule une expérience ultime pouvait communiquer une telle beauté. En sa présence, je sentis en outre que jamais je ne l'oublierais et que jamais je ne pourrais lui mentir.

De la façon la plus naturelle, comme font tous les Indiens, il me demanda simplement : « Where do you come from ? » Puis il resta silencieux et me dit enfin que je pourrais lui rendre visite à l'heure du darshan*, sur son île, où il recevait chaque jour les quelques personnes qui voulaient bien faire la marche dans la forêt. Je fis ce trajet pendant plusieurs mois. C'est là que j'eus la chance de vivre cette chose si rare en Occident : une relation totale avec un être. Le plus précieux, pour moi, c'est que cette relation ne se produisait jamais à partir d'un fait déterminé ; c'était toujours dans l'instant, dans l'obligation d'une sincérité totale à ce qui était.

Chandra Swami est l'incarnation même de ce qu'évoque le mot guru. En sanskrit, guru signifie « poids » : ce qui a du poids, ce qui est lourd. La même racine a donné grave, gravité, gravitation. Le guru est un homme de poids, comme on dit d'une parole qu'elle a du poids, ou d'un homme qu'il pèse dans une décision. Il est le poids de ce dont il témoigne dans la mesure où, plus qu'un maître spirituel, il est un maître matériel, incarnant cet esprit qu'il a réalisé. Étant le poids de cette expérience, il donne en outre du poids à ce qui est autour de lui, de la gravité à ce qu'il côtoie. Ainsi confère-t-il un centre de gravité aux choses, réinsère-t-il tout ce qu'il touche dans la gravitation naturelle. En sa présence, on est pris dans cette gravitation, contaminé par ce poids ; d'un coup, on a l'impression d'être lesté dans le réel. Le contact que j'ai eu avec lui, au-delà des mots, tenait dans cette sorte d'ancrage. Bien plus que le prétexte des enseignements, des pratiques, c'est cette qualité de relation, de contact de réalité qui a été essentiel.

Je voudrais ici ouvrir une parenthèse. Il est vraiment regrettable que le mot « gourou » soit aujourd'hui quasiment devenu une insulte, synonyme d'escroc ou de charlatan, voire l'équivalent de criminel dangereux — en tout cas chez nous. Dans les médias, ce terme n'est employé que pour qualifier une espèce d'homme qui manipule autrui, qui exploite le malheur des autres pour s'enrichir sous une forme ou une autre. Alors qu'en fait, à l'origine, guru désigne l'archétype de l'homme le plus accompli, du sage, du rare être humain qui soit capable d'aimer.

Je saisis cette occasion pour rendre témoignage de ce qu'est un guru, car cela me paraît important. Autour de ces êtres, il n'y a jamais de sectes ; il se forme ce qu'on appelle en Inde des âshrams : des lieux de l'effort, de la discipline, où l'homme cherche à sortir de la seule secte qui existe sur terre, celle des égoïstes. Autour d'un être de cette qualité se constitue une école de la vigilance, de la conscience, de la discipline pour sortir des petites entreprises personnelles de l'égoïsme et de l'intérêt. On est bien loin de l'interprétation qui en est faite chez nous.

J'ai donc eu la chance de vivre pendant près de trois ans, en deux séjours très rapprochés, auprès de Chandra Swami. Cela n'a pas été toujours facile. J'ai mendié ma nourriture pendant un peu plus d'un an en compagnie des mendiants et des sâdhus, et il n'était pas évident non plus de se loger. Quand sa maison a été construite, Chandra Swami a voulu que les choses se fassent très progressivement — on peut voir là une autre marque de sa sagesse —, que je sois parfaitement intégré au groupe des disciples indiens, car j'étais le premier disciple étranger. Ceux-ci ont pu constater à quel point je respectais les formes traditionnelles de la relation du disciple au maître et combien, sans l'avoir adoptée, je respectais la religion hindoue. Alors seulement Chandra Swami m'a proposé de vivre à l'âshram, dans ce qui était sa maison.

Vivre à ses côtés fut un vrai privilège. Sa présence me rappelait constamment à une obligation fondamentale : celle de rester éveillé, car être proche de lui revenait en fait à être proche de moi. Là où j'avais un instant pensé réaliser un rêve — à savoir : en étant proche de lui, être proche du mythe que je cultivais —, lui m'obligeait à être proche de moi et à dénoncer ce mythe que j'essayais de perpétuer dans la relation avec lui. Cela aussi est la marque d'un vrai guru. Son comportement consiste à mettre en évidence le mythe que l'on peut entretenir dans notre relation à l'autre. Lui n'est jamais complice, et il ne permet pas qu'on s'aliène, d'une manière ou d'une autre, à ce qu'on projette sur lui. Il renvoie sans relâche à une conscience très aiguë des mécanismes par lesquels on perpétue cette aliénation. Vivre auprès d'un guru authentique, c'est exactement le contraire de s'aliéner à une personne ; c'est être constamment confronté au processus par lequel on est victime consentante d'une aliénation à l'autre. En cela, peu à peu, on cesse d'avoir un guru et l'on commence à être disciple. Ce processus était grandement aidé par les pratiques quotidiennes que Chandra Swami nous conseillait : la majeure partie du temps était consacrée au silence, à la lecture, à la méditation et, dans les rencontres avec lui, aux échanges, aux questions et réponses. On n'avait pas d'autre obligation que les menus travaux de l'âshram.

Cela a duré près de trois ans ainsi. Aviez-vous le sentiment de changer ?

Si je me situe dans le contexte de l'époque, j'avais le sentiment de changer, d'un enrichissement spirituel considérable. Mais aujourd'hui, avec le recul, je vois que je ne changeais pas du tout ! Un peu à la manière d'un homme d'affaires prospère, je devenais un « yogi prospère » ! Je m'enrichissais d'une quantité d'expériences et de connaissances. J'étais évidemment capable de parler de beaucoup des grands textes traditionnels de l'Inde et d'ailleurs. Chandra Swami avait été éduqué en anglais, en hindi et en persan, ce qui le rendait familier de tous les écrits : ceux de la tradition indienne, ceux de l'islam, donc des soufis, ceux des traditions occidentales et extrême-orientales. Nous avions des échanges d'une très grande richesse. Je reconnais que je confondais, à l'époque, changer et prospérer. Je prospérais spirituellement !

Quand vous regardez maintenant cette époque, n'y avait-il qu'une sorte d'acquisition spirituelle ?

Bien sûr. Étant auprès d'un authentique guru, et bénéficiant de sa grâce, je ne m'y ouvrais cependant pas vraiment : je ne devenais pas « pauvre ». Le grand drame de la spiritualité, c'est de devenir prospère. On a l'impression qu'on change alors qu'on ne fait qu'accumuler des expériences. Or une somme d'expériences ne peut jamais transformer un être. En revanche, le jour où arrive l'expérience décisive — qu'on l'appelle éveil ou illumination —, où est vu de façon radicale ce qui donne sens à toutes les expériences, là se produit un changement. C'est la seule différence qui puisse exister entre un être et un autre. Il y a celui dont le vécu n'est que la somme de toutes ses expériences, dont le sens n'est induit que par une réflexion sur ses expériences et la somme de celles-ci, et celui en qui est survenue cette expérience radicale qui est plus que la somme de ses expériences, qui leur donne sens ; non seulement à toutes ses expériences, mais à tout ce qui est. À cet instant, d'un coup tout fait sens, tout est sens, parce qu'au cœur de cette expérience on est ce sens-là.

Une certaine acquisition d'expériences nous fait changer de comportement, mais ces changements sont très subtilement l'expression de motivations différentes et d'intérêts nouveaux. Il n'y a pas de gratuité fondamentale dans ce genre de changement. Le changement radical a lieu quand, étant éveillé au sens de ce qui est, et confirmé dans tout ce qui est de l'ordre du passé, de l'ordre du présent ou de ce qui sera à venir, on passe de l'intérêt personnel à la gratuité. Un tel changement peut enfin intervenir dans le comportement parce qu'une nouvelle dynamique est entrée ; mais celle-ci ne s'incarne pas non plus d'emblée complètement, il est très important de le préciser.

Dans mon expérience, ce qui advient à ce moment-là — qu'on l'appelle éveil ou illumination — porte un coup fatal, pas total dans l'immédiat, au moteur du comportement, au mécanisme de l'intérêt personnel qui déterminait complètement ce comportement. Mais il faut ensuite des années pour que cette nouvelle façon d'être s'incarne complètement dans le quotidien : non seulement au niveau de l'esprit, où le doute est transformé en vision de sagesse, et au niveau du cœur, où la colère est transformée en compassion, mais également jusque dans le corps, dans la chair, où la peur est transformée en joie.

RENCONTRE AVEC JEAN KLEIN

Avant de parler de cet éveil et de certaines des interprétations ou incompréhensions qui circulent à ce sujet, revenons à votre cheminement personnel. À quel moment avez-vous senti que se faisait la bascule ?

J'avais acquis auprès de Chandra Swami une bonne connaissance de ce que peut être une voie traditionnelle, pas seulement dans l'hindouisme, mais aussi dans les autres traditions avec lesquelles il m'avait familiarisé. Puis, en 1972, j'ai dû quitter l'Inde pour des raisons de visa. Je suis donc rentré en France, très malheureux de me retrouver loin de Chandra Swami. Toutefois, il m'avait dit avant mon départ : « Ne t'inquiète pas, tu rencontreras quelqu'un en France qui t'aidera. » Juste au moment de quitter l'Inde, j'ai revu l'amie qui m'avait montré la photo de Chandra Swami et qui cette fois encore me renseigna : « En France, il y a une personne à rencontrer, c'est Jean Klein. » Je n'ai pas manqué d'appeler celui-ci quelques mois plus tard, pour lui dire que j'avais été en Inde et que j'avais besoin — comme on dit là-bas — de satsang*, c'est-à-dire de fréquentation avec le réel. Jean Klein m'a accordé un rendez-vous chez lui, à Paris, et il s'est passé quelque chose d'extraordinaire : nous sommes restés en silence quasiment tout le temps — peut-être trois quarts d'heure. Installé sur son canapé, il prenait des postures que je n'ai jamais revues chez lui par la suite et qui étaient typiquement celles de mon maître indien. Sans que fût prononcé un mot, j'ai su que c'était l'homme dont m'avait parlé Chandra Swami.

J'ai vécu presque un an auprès de Jean Klein. Il a complété mon itinéraire par un approfondissement du rôle de la conscience corporelle dans l'approche de la réalité non duelle, ainsi que par de nombreuses conversations qui traitaient directement de ce qui était le cœur de son enseignement, le Vedânta. Cependant, là encore, bien que vivant dans l'intimité d'un être exceptionnel, je ne faisais que continuer à m'enrichir, à prospérer. J'avais l'impression de changer, je constatais que mes comportements étaient apparemment plus contrôlés, je réagissais différemment à certaines situations. Mais je vois aujourd'hui, avec le recul, que la même mécanique continuait en moi à diriger tout cela. Au bout d'un an, il m'a dit que je pouvais le quitter, me conseillant de m'installer et d'utiliser ce que j'avais acquis auprès de lui dans le travail corporel, ne

serait-ce qu'en enseignant le yoga. Je me suis donc installé
à Aix-en-Provence, où j'ai commencé à enseigner la
conscience corporelle.

Peu après, j'ai rencontré Nadège, qui allait devenir ma
femme. Pas un instant je ne concevais de vivre avec une
femme qui ne partagerait pas ma dévotion pour mon maître. Nous sommes donc partis tous les deux en Inde pour
vivre auprès de Chandra Swami. Notre séjour a duré six
mois : six mois extraordinaires au cours desquels j'ai été
confronté à de très profondes revendications par rapport à
un mythe personnel. Je voulais à la fois être swami, et je
ne voulais pas perdre la femme que j'aimais. C'était à vrai
dire une situation plutôt cocasse. Je voulais le statut de fils
spirituel de Chandra Swami, recevoir de lui la robe, être
au regard des autres le meilleur, le plus grand disciple.
Dans ma croyance, l'initiation à la vie de renonçant (sannyas*) représentait à la fois une promotion et une condition incontournable pour parvenir à l'éveil. À ce moment-
là, j'ai reçu la robe de Chandra Swami. J'étais le seul. Cela
me mettait dans une situation particulière à l'égard de
Nadège. J'étais venu là pour présenter celle qui allait être
ma femme, et je me retrouvais swami !

*Il est étonnant que Chandra Swami ait donné cette initiation
dans ces circonstances !*

C'est étonnant si l'on se réfère uniquement à l'événement, à l'expérience immédiate. Mais si l'on considère ce
que j'avais besoin de voir, c'était nécessaire. Si je n'avais
pas fait cette expérience, je n'aurais pas vu tout ce que
j'avais projeté dans cette histoire, qui en fait ne me concer-
nait pas. Si Chandra Swami ne m'avait pas donné la robe,
je n'aurais peut-être jamais pu voir que mon chemin était

de renoncer à la renonciation. Il m'a donc mis entre les mains à la fois la robe et la femme. Chez lui, ce n'était pas un acte réfléchi, c'était le comportement d'un être libre, purement intuitif. Tout dépendait de la capacité du disciple, que je prétendais être, à assumer cette situation.

Nous sommes rentrés en France, avec ma robe. Les autres disciples de Chandra Swami ne comprenaient pas, et ils ne se privaient d'ailleurs pas de me le dire : « Tu es swami et tu vis avec une femme ! Qu'est-ce que ça veut dire ? » Au bout de quelque temps, j'ai rangé la robe dans un placard et j'ai vécu officiellement une vie d'homme avec Nadège ; nous nous sommes mariés, notre premier enfant est né. Je consacrais néanmoins beaucoup de temps à la pratique, à la méditation, aux techniques respiratoires et corporelles. J'avais aussi de nombreux échanges avec ceux qui venaient me voir. Je ne prétendais aucunement être un maître spirituel, mais je me comportais en fait comme un être prospère qui partage ses biens !

Puis, en 1979, est arrivée une confrontation décisive. En dehors de ce que j'avais pu vivre auprès de Chandra Swami, Jean Klein et Poonjaji (disciple de Ramana Maharshi, plus connu aujourd'hui sous le nom de Papaji), j'avais également une recherche personnelle qui me servait de fil conducteur, qui m'a obligé un jour à me poser et à réfléchir sur les dix années écoulées. J'ai alors eu le sentiment que je vivais dans un mensonge, que je n'étais pas vraiment en accord avec moi-même. J'étais devenu un yogi respecté par les gens alentour, capable de rester assis plusieurs heures, immobile et en silence. Habillé tout de blanc, je menais une vie relativement contrôlée. Pourtant, tout au fond de moi, je savais que j'étais toujours le même. J'avais modifié bien des choses, mais dans mon cœur, rien n'avait changé. Je m'apercevais que depuis des années je visais

quelque chose qui se situait hors du monde, qui était transcendant au monde : ce qu'on appelle l'être ou le soi, la
réalité, quelque chose d'immuable que la peur ne peut
atteindre. Je commençais à pressentir qu'en réalité je cherchais une « planque » ultime, et que tous les enseignements
que j'avais reçus ne l'avaient été que dans la mesure où ils
cautionnaient la peur que j'avais du monde et justifiaient
cet élan vers une réalisation, une expérience ultime. Je
cherchais constamment « au-delà » : au-delà du corps, au-
delà des émotions, au-delà de la pensée, au-delà du changement, au-delà de la dualité. De fait, cet au-delà était toujours une façon de ne pas m'engager dans ce qui était là.

COUP DE POKER

Ainsi, à un moment donné, j'ai vu le mensonge, et j'ai
vu que, viscéralement, cela ne me correspondait pas, que
je ne pouvais continuer à vivre dans une telle histoire.
J'avais en outre l'intuition, et ce depuis des années, qu'il
existait pour chacun une façon d'agir dans le monde qui
lui correspondait en propre ; si je cherchais à savoir ce que
j'avais à faire et si je faisais ce qui m'était juste, je devais
logiquement me trouver dans l'axe de l'être, tout simplement. C'est alors que j'ai réalisé qu'il pouvait y avoir deux
voies, que la réalisation, l'éveil, l'illumination n'étaient pas
seulement de l'ordre de la transcendance, hors du monde.
J'avais vécu sous l'emprise d'un malentendu, ce qu'on
pourrait appeler « le privilège exclusif de la transcendance ». Comme si la transcendance avait le privilège exclusif
du réel et qu'en fait, au sein du monde, il n'y avait d'autre
possibilité que de vivre d'abord le réel transcendant, pour
revenir ensuite dans le monde. Au fond de moi, j'avais le

sentiment qu'il devait exister une voie au sein du monde : une voie de l'immanence où il était possible de vivre le réel. À cet instant, j'ai senti que je prenais un risque immense, mais que je ne pouvais plus ni reculer ni faire demi-tour : le risque de quitter le chemin de la transcendance. Soudain, j'abandonnais mon image de grand yogi capable de faire le silence intérieur. Ce jour-là, je dis à Nadège : « Je joue un coup de poker : je renonce à tout ce à quoi j'ai cru pendant toutes ces années. Mais je n'abandonne pas, je renonce seulement à une certaine façon de voir. Je vais peut-être redevenir celui dont je me moquais hier, un homme ordinaire qui regarde la télé, qui mange un steak, qui va au cinéma, qui fonctionne comme tout le monde. » J'ai ajouté : « C'est plus fort que moi, je ne peux pas faire autrement. » Et j'ai pris le risque de la vie, le risque de ne plus chercher au-delà. D'un coup je me suis défait de tout ce avec quoi j'avais fonctionné. Totalement, sans rien préserver, sans rien sauvegarder.

Cela s'est passé en trois jours, pendant lesquels j'ai senti progressivement quelque chose que je n'avais jamais senti depuis ma naissance. J'ai senti la vie. Je suis allé vers ce qui était là et j'ai senti que la vie entrait en moi. Ce sont des expressions toutes simples qui viennent à ce moment-là, mais elles sont absolues. J'ai senti que cette vie m'aimait, comme j'étais, tel que j'étais. C'était comme si elle m'attendait. J'ai alors compris pourquoi les grands mystiques parlent de la Mère divine : parce que ce sentiment d'amour de la vie envers nous, on l'éprouve dans l'amour absolu d'une mère ; on est dans les bras de la Mère divine. Aucune vision, aucune hallucination, c'était quelque chose de très simple, de concret et d'immédiat, qui me prenait à l'intérieur et que je reconnaissais. Je sentais que cette vie m'aimait. Au fur à mesure que c'était ressenti, éprouvé, montait en moi une confiance impérieuse. Autant je me sentais auparavant en conflit, séparé, avec une peur constante, autant j'éprouvais alors une confiance absolue dans ce qui était, dans la vie. Ce qui est apparu immédiatement, c'est que cette confiance était ma nature : à la fois cette confiance et son objet. Cela n'a fait que grandir pendant ces trois jours, jusqu'au moment où s'imposa une confiance absolue dans tout ce qui était sans que ce soit un objet. Alors, tout a disparu : la Mère divine, Yvan Amar... Il n'y avait que Cela : une réalité absolue où n'existaient plus ni division ni conflits, où seule existait l'évidence de l'être. Tout ce dont j'avais entendu parler, c'était l'évidence, c'était ce que j'étais. Tout ce que je percevais me renvoyait à cette réalité que j'étais. Naturellement, toute idée d'atteindre quelque chose était définitivement évanouie ; il n'y avait rien à atteindre, parce que j'avais toujours été Cela. Indubitablement, ce dont avaient parlé Râmakrishna, mon maître, les grands textes que j'avais lus, c'était cela. J'avais toujours été Cela et tout était Cela. « Tout en vérité est le Brahman*. » « Tout en vérité est le réel. » Aux gens qui venaient me voir, je ne pouvais que dire : « Toi aussi tu es Cela. » C'était l'évidence, chaque être était Cela. Dire « je suis Cela » ou « tu es Cela » ne faisait aucune différence.

La grande surprise de cet éveil, c'est que Cela était précisément ce que j'avais essayé de dépasser pour le réaliser ailleurs, dans l'immuable, dans le transcendant. J'avais soudain la révélation que cette vie qui s'écoulait d'instant en instant, ce changement permanent, ce grand processus, c'était cela le réel, et que la peur que j'en avais m'avait fait rechercher une réalité immuable au-delà du changement. Ce changement était la réalité, et être la réalité c'était être ce changement, sans décalage. C'était être un avec le mouvement de la vie. Pendant des années, j'avais cherché une connaissance immuable qui abolirait toute ignorance, sans pour autant entrer dans aucune connaissance. La mouvance est par nature mystère et être la mouvance de vie, c'était être le mystère. La question n'était donc pas de connaître le mystère, où d'un seul coup quelque chose était connu, mais de connaître le mystère parce qu'on est le mystère. Quand on m'a demandé, à l'époque, si je pouvais dire à quoi correspondait cet éveil, cette illumination, j'ai dit : « C'est tout simple, je suis passé d'une incompréhension triste à une incompréhension joyeuse. » De fait s'était complètement effacée de moi l'idée d'une connaissance acquise, et cette ignorance, cette incompréhension joyeuse, apparaissait bien plus intelligente que tous les savoirs que j'avais accumulés.

Cela a duré une semaine ou une dizaine de jours, je ne sais plus. Comme ce n'était pas quelque chose que j'avais acquis et que c'était ma nature même, je n'ai pas pensé un instant que cela pourrait disparaître, s'arrêter. Pourtant, aussi soudain que c'était « apparemment » venu — sans que ce soit jamais venu —, je me suis de nouveau trouvé dans la dualité, dans le sentiment de la séparation. Ce fut l'enfer car, en vérité, la séparation n'apparaît comme un enfer que lorsqu'on a vécu l'union, la non-séparation. J'étais complètement désorienté, je me disais : « Comment peut-on perdre cela ? »

Ce qui s'est passé alors m'a beaucoup éclairé par la suite sur les comportements particuliers de certains éveillés, de certains instructeurs. Quand on n'est plus dans cette qualité de conscience, on éprouve le sentiment d'une immense perte, et je pense que beaucoup d'êtres la compensent — je l'ai fait moi-même au départ — par l'intérêt, voire l'adoration que les gens leur portent du fait du charisme qu'ils véhiculent parce qu'ils ont vécu l'éveil. Le fait de vivre l'éveil confère un charisme rémanent, auquel sont sensibles tous les nostalgiques du réel, en quête de réalité. En présence du porteur d'un tel charisme, ils développent naturellement une relation d'attente et de dévotion, d'adoration. Celui qui a cessé de vivre l'éveil, mais qui est porteur d'un tel charisme, se nourrit en quelque sorte de cette relation, de cette adoration que lui portent ces êtres fascinés. C'est un grand piège, l'un des premiers, pour l'éveillé débutant.

Cet éveil est-il ce qu'on appelle « l'éveil de la kundalinî » ?

Je ne l'aurais pas appelé ainsi.

Ce charisme dont vous parlez ne serait-il pas cette shakti qu'évoquent les écritures sacrées de l'Inde, shaktipât, cette énergie-conscience qu'irradie alors la personne et que perçoivent les autres, même si certains effets de l'éveil de cette conscience ont disparu ?

Oui, si on entend par *shaktipât* le fait de pouvoir réveiller dans la conscience de quelqu'un cette évidence au sein de laquelle on n'est séparé de rien — on est tout ce qui a été, tout ce qui est, tout ce qui sera —, cette évidence qu'il n'y a rien à atteindre, que jamais rien n'a été perdu, synonyme d'absence totale de peur, de capacité infinie à aimer. Ce rappel de la « mémoire d'origine » n'est pas différent, lui, à mon avis, de ce qu'on appelle l'éveil de la kundalinî.

Dans sa manifestation initiale, cet éveil peut ressembler complètement, ou même être identique, à une illumination *totale. Parce que lorsque la kundalinî monte, elle peut aller dans sa manifestation première jusqu'au sahasrâra* avant de redescendre. Et c'est parce qu'elle redescend qu'il y a la perte de l'expérience.*

Dans ce sens, oui. Si l'on entend par « éveil » uniquement l'ouverture du nœud de la base, non. Mais si l'on entend par « éveil » la montée complète de la kundalinî — sans qu'elle se stabilise —, oui, je suis tout à fait d'accord, c'est exactement cela. Quand je suis retourné voir Chandra Swami, il m'a dit : « C'est toujours ainsi. Il y a d'abord l'éveil, l'expérience soudaine, inattendue de la réalité, qui peut durer quelques jours et qui disparaît. Puis, après des années, cela se stabilise. C'est alors la réalisation. La durée nécessaire à cette stabilisation est fonction de la nature de la personne. »

Or une fois qu'on a vécu l'éveil, on n'a qu'une envie, c'est de le revivre, de le reproduire. Il m'a fallu longtemps pour réaliser qu'on ne peut jamais revivre l'éveil. On ne peut que l'incarner. Il faut le temps nécessaire pour incarner progressivement dans sa vie ce processus de façon de plus en plus présente, de plus en plus vivante. Pendant longtemps, on essaie de reproduire ce qui devient, du fait de la mémoire, un phénomène, alors que ce n'en est pas un. Malgré tout, on est à nouveau prisonnier de certains mécanismes psychologiques qui en font un objet de mémoire que l'on pourrait reproduire. Mais on ne reproduit jamais un éveil ; on ne fait que collaborer étroitement au processus éveillant qui s'est mis en route. Dans la mesure où l'on y collabore de façon profonde, sincère, intelligente, on devient de plus en plus conducteur de ce processus, et on l'incarne de plus en plus.

J'ai vécu cela en février 1980. Nous sommes alors retournés en Inde, Nadège et moi. Chandra Swami, confirmant ce que j'avais vécu, m'a enseigné la nécessité d'une vie qui devait permettre à cette conscience de s'incarner davantage en moi. J'ai passé ensuite plusieurs années dans une démarche quasi solitaire, où j'essayais de voir en moi, au quotidien, tout ce qui entravait le vécu de ce qui avait été reconnu. Une quantité de choses ont participé à ce travail. D'abord ma vie personnelle — donc l'exploration des mécanismes à l'origine de mes comportements. J'ai étudié à ce moment-là des auteurs comme Laborit, au niveau des structures biologiques, du comportement, ainsi que d'autres travaux relevant plutôt de la psychanalyse classique, traditionnelle. La relation avec ma maladie était très importante aussi, m'obligeant à des prises de conscience profondes dans cette démarche. De même, la vie avec ma femme et mes enfants. De 1980 à 1987, j'ai effectué un travail constant, lié soit à ma relation avec ma femme et mes enfants, soit à la vie quotidienne, soit au travail corporel ou encore, à un moment donné, à la mise en place de certaines structures commerciales pour essayer de vivre autrement que par l'enseignement. Je me suis sincèrement efforcé, à travers tous ces aspects, d'approfondir chaque fois ce que je vivais.

Et ce jusqu'en 1987, année où Chandra Swami m'a donné un enseignement qui a été décisif. Dès lors, le travail s'est nettement resserré, les événements que je vivais dans ma vie privée, à l'intérieur de moi, se sont précipités. J'avais l'impression de posséder plusieurs éléments — un peu comme quand on prépare une sauce : tous les ingrédients étaient là, et je commençais à tourner à peu près correctement. Puis, vers 1989, ce fut comme si la sauce avait pris. C'est alors que j'ai vraiment retrouvé en moi le sens profond de tout l'enseignement que j'avais reçu de Chandra Swami. J'ai vu que tout ce qu'il m'avait enseigné pouvait à la fois être compris dans la voie de la renonciation, de la transcendance, mais aussi d'une autre façon : dans la voie du monde telle que je l'avais vécue. Les structures naturelles d'une pratique, d'un enseignement, d'une voie se sont tout naturellement révélées à moi. Certains éléments de la voie s'étaient stabilisés en moi, je le sentais. Jusque-là, j'étais certainement plus déterminé par cette qualité de conscience que par les mécanismes personnels ; mais, d'une certaine façon, j'étais comme tout le monde. D'un coup, tout est devenu très clair, à travers la question suivante : qu'est-ce qui constitue une vraie démarche, un vrai travail, et cela ici, en Occident ?

Est-ce à ce moment-là que votre enseignement a pris corps ?

Pas exactement, mais c'est alors, en 1989, que j'ai senti les grandes lignes se mettre en place, que je me suis senti naître comme instructeur. Peu de temps après, j'ai reçu une lettre de Chandra Swami qui me demandait de transmettre. Je lui ai répondu que j'en ressentais effectivement la nécessité, mais que je voulais procéder selon les règles traditionnelles. Je suis donc reparti en Inde pour passer quelques jours auprès de lui, au mois de décembre de la même année, et il m'a indiqué comment initier traditionnellement ceux qui voulaient être disciples. J'ai commencé à enseigner dès mon retour en France. Toutefois, je voulais que cela reste discret. J'avais le sentiment que ce que je vivais, ce qui se déployait en moi, allait générer un enseignement que je ne connaissais pas encore. C'est précisément cela qui était extraordinaire : je ne m'apprêtais pas à servir aux gens un enseignement tout fait ! J'avais la certitude que ce que je vivais permettrait, au cœur de la relation avec les personnes qui viendraient me côtoyer, de faire naître un enseignement. C'est effectivement ce qui s'est produit. À partir de 1990, les gens ont commencé à venir. Il était clair qu'au départ ils venaient à cause de moi, de ce que je véhiculais, de ce que je vivais en moi. Ils posaient des questions, et c'est à partir des réponses qui jaillissaient de notre relation que s'est constitué un enseignement. En fait, c'est cet enseignement qui était important, pas l'enseignant à qui ils s'adressaient.

Le processus d'incarnation progressive de l'éveil continuait — je n'avais rien de ce qu'on peut attendre d'un guru qui vit une intégration complète et authentique du réel. En toute sincérité, je sentais grandir en moi un processus qui était à la fois ma nature, ma destinée, et qui se traduisait de plus en plus dans la relation avec les élèves et l'enseignement qui en ressortait. Ce qui s'avérait passionnant, c'est que ce que je vivais était beaucoup plus au service de cette relation que de ce que j'avais connu. L'enseignement naissait véritablement de la relation qui s'instaurait avec les personnes qui venaient me solliciter, et non pas d'une vérité à laquelle je m'étais éveillé ; au fur et à mesure qu'il se mettait en place, je pouvais aussi constater que cela permettait à ces personnes d'être beaucoup plus disciples de cet enseignement que disciples de ma personne, non plus d'avoir un maître mais d'être disciples d'un enseignement dans lequel elles se reconnaissaient. Au départ, l'enseignant avait eu son importance, mais petit à petit l'enseignement prenait le pas. Il possédait les structures classiques : d'une part il dénonçait les mécanismes du faux par lesquels on perpétue le rêve et le sommeil ; d'autre part il nourrissait, par des pratiques traditionnelles qu'on appelle le « rappel » ou le « souvenir », le pressentiment du réel qui est en chaque être et qu'il fait ainsi grandir. Un enseignement s'est donc structuré autour de ces principes, qui a peu à peu généré une assemblée d'élèves. Il n'avait plus rien à voir avec le contexte d'origine, qui était l'Inde ; cet enseignement est vraiment né en France — la plupart des gens qui venaient me voir ne connaissaient d'ailleurs ni l'Inde ni les textes indiens. Petit à petit se sont constitués un langage, un vocabulaire qui lui étaient propres.

En même temps, je voyais — et si je ne le voyais pas, ma femme me le rappelait — que ma vie comportait des manquements, des choses encore confuses. J'étais un instructeur, je transmettais un enseignement que je savais être de qualité ; or, d'une certaine façon, cet enseignement avait plus d'importance que ma vie privée, que ma femme et mes enfants, ce qui n'était pas normal. En fait, j'ai eu beaucoup de chance, car la vie m'a donné trois gurus : mon maître Chandra Swami, une maladie qui m'a énormément appris — et qui continue de le faire — et ma femme. Grâce à Nadège, je pouvais me rendre compte qu'au cœur de ce déploiement, de ce développement, il restait encore beaucoup d'égoïsme en moi. Ce sont des choses qu'il est bon de dire : on a beau être éveillé, avoir vécu l'éveil, on reste prisonnier de mécanismes égoïstes, de mécanismes de protection de soi, et cela tant que cet éveil, cette illumination, n'habite pas tous les recoins de l'être. À ce stade, il faut reconnaître que la lumière, l'intelligence de l'éveil n'éclairent en fait que les lieux dont on a ouvert les portes en nous. Ensuite, tout le travail consiste à coopérer avec cette dynamique de l'éveil, à ouvrir une à une les portes de toutes les zones obscures pour y faire s'engouffrer la lumière de l'éveil, la lumière de cette intelligence que l'on conserve en soi. Elle est vivante en moi. Au cœur de mon être, je me sais éveillé, je me sais libre, indéniablement.

Pourtant, je sais que ce n'est pas suffisant, que je ne suis pas ce qu'en Inde on appelle un « réalisé », c'est-à-dire un homme définitivement établi dans l'éveil, et qu'il reste encore bien des domaines de ma conscience qui doivent être investis de cette qualité, visités par cette intelligence.

AIMER, C'EST ÊTRE RESPONSABLE

Il m'est alors apparu évident que ce qui était au cœur de la voie du monde, dans la vie quotidienne, c'était la relation, et que la pratique consistait à faire de cette relation un travail constant. C'est ce que j'ai appelé la pratique de la « relation consciente ». Je me rendais compte qu'il restait des relations que je n'avais pas explorées ; cela m'a obligé à revenir vers ma femme, vers mes relations privilégiées d'époux, de père, et même de fils. Quand on est totalement déterminé par cette intelligence-là, qu'on s'est vraiment mis au service de cette qualité-là et qu'on ne veut plus rien préserver ni protéger, à un moment donné s'impose comme une évidence l'absolue nécessité d'une morale, d'une éthique. L'éthique, ce n'est pas quelque chose qui s'impose par la force pour canaliser des hommes et leur donner un prétendu vernis de civilisé, mais la reconnaissance, dans leur cœur, des lois fondamentales qui dirigent la vie. C'est seulement lorsqu'on est en accord avec ces lois qu'on est en accord avec les grandes lignes de force qui dirigent le monde, avec les grands rythmes du monde, avec la dynamique première qui est derrière tout et qui est l'Amour. C'est une forme de devoir liée à la dignité d'être homme. Cette notion a été une très grande ouverture sur mon chemin. C'est la vie avec ma femme et avec mes enfants qui m'a permis de ressentir les lignes conductrices par lesquelles ce qu'on appelle l'éveil ou l'illumination pouvait s'incarner de plus en plus profondément. J'avais toujours pensé que l'éveil faisait fi de la morale, qu'il était à lui-même sa propre morale et sa propre loi. Il n'en est rien. Je reconnais que des différences subsistent sur ce point entre les instructeurs, entre les éveillés : c'est dans la mesure où leur ouverture a été jusqu'à reconnaître la vérité de ces lois et l'absolue nécessité de vivre complètement en accord avec elles, car ce sont les lois de l'Amour et de la Vie. L'enseignement qui émane de cette reconnaissance n'est plus seulement celui de la liberté, mais aussi celui de la sagesse et de la responsabilité. C'est pourquoi je l'ai appelé « l'obligation de conscience ». Aimer, c'est être responsable. On ne peut pas envisager un enseignement sans être responsable de son prochain ; il n'est pas question de s'éveiller tout seul, mais de faire grandir le tout. L'enseignement que je dispensais ne visait pas à faire des éveillés, mais à aider les êtres à se reconnaître profondément libres, à leur faire sentir la nécessité de s'éveiller chacun non pas pour tirer son épingle du jeu, mais pour grandir ensemble, car une chose est certaine : on ne peut grandir qu'ensemble. Cette notion touche l'espèce tout entière, l'humanité tout entière. Aujourd'hui, un enseignement individuel d'illumination personnelle n'est pas concevable : on ne peut envisager un enseignement et une pratique que s'ils nous obligent envers l'autre, que s'ils sont transmis à travers une relation où il n'est plus question ni de soi ni de l'autre, une relation qui permet à chacun de grandir.

Une question s'impose. Vous avez dit que jusqu'à votre éveil vous n'aviez fait que « prospérer ». Si cet éveil est si extraordinaire, et si avant lui il n'y a pas de vrai changement, qu'on

*ne fait que prospérer, acquérir, l'éveil n'est-il pas en fait la
seule chose qui importe ?*

Tout à fait. Il convient de préciser quelque chose d'important. L'éveillé assume une fonction au sein du grandir du monde. J'appelle « éveillé » celui dont la fonction est de faire grandir les êtres ; mais grandir dans l'être n'a plus rien à voir avec acquérir dans l'avoir, prospérer. L'image qui m'est venue pour illustrer ce point, c'est celle de la pierre philosophale et de l'or. La pierre philosophale transforme en or. Elle fait grandir vers l'or, car tout métal est un état de l'or. Que se passe-t-il quand un métal est en contact avec la pierre philosophale ? Le métal prend conscience que sa nature réelle est l'or, pas le fer, et qu'il est un état du grandir de l'or. Cela, c'est la rencontre avec la pierre philosophale. Elle fait prendre conscience qu'on est de l'or en puissance et, instantanément, on se trouve libre, parce qu'on n'est plus seulement le fer, on est l'or, mais sous la forme du fer qui est en train de grandir. Toutefois, la pierre philosophale, elle, ne fait pas des pierres philosophales. C'est une subtilité, mais elle est essentielle, car beaucoup de personnes viennent aux enseignements et voudraient être en quelque sorte comme l'instructeur. C'est une erreur. Le rôle de l'instructeur est d'être instructeur, mais tout le monde n'est pas destiné à être instructeur. L'éveil qu'il vit est directement lié à sa fonction.

ÉVEIL, RÉALISATION, LIBÉRATION

Parce que vous liez l'éveil à la fonction d'instructeur ?

Oui. Sinon, pourquoi y en aurait-il si peu ? Pour être plus précis, j'ajoute qu'on peut être instructeur sans être nécessairement établi dans l'éveil ; mais n'est digne du titre de guru, de maître spirituel, que le « réalisé » : celui qui est définitivement établi dans l'éveil. De tels êtres sont rares.

Ne pensez-vous pas qu'on puisse être éveillé sans être instructeur ?

Si, bien sûr. Mais alors, et sans vouloir jouer sur les mots, je ne l'appelle plus « éveillé », je l'appelle « libéré », dans le sens où il s'est libéré de l'intérêt personnel et où il participe au grandir conscient du monde.

Son état intérieur est-il le même ?

Oui et non.

Oui, parce qu'il a reconnu ce qui est identique entre lui et l'éveillé. Quand quelqu'un se trouve en présence d'un éveillé, ce qu'énonce celui-ci, c'est la réalité qu'ils ont en commun ; au moment où l'autre personne reconnaît cela, elle a l'intuition que ce qui est dit parle en fait d'elle-même, et qu'ils partagent tous deux la même conscience, la même liberté. À ce moment-là, la personne est libre ; elle ne peut pas s'aliéner à l'autre, parce que ce n'est pas un autre qui lui a donné quelque chose, elle s'est simplement souvenue d'une réalité qu'elle est déjà elle-même. Tout le travail qu'elle entreprendra par la suite pour faire grandir cela n'est en aucun cas l'occasion d'une aliénation à un autre. Cette liberté, en grandissant, pourra s'exprimer de multiples manières : par exemple, en étant agent immobilier, directeur de journal, dessinateur industriel... peu importe.

Et non aussi, car ce qui caractérise l'éveillé, c'est la vision, qui lui confère, outre la reconnaissance de sa nature de liberté, la compétence de transmettre. C'est une chose très particulière. Il existe vraiment, liée à l'éveil de l'instructeur, une qualité qui lui confère, avec les années, l'autorité de la transmission, la capacité de transmettre. Tout être qui vit cette libération n'a pas pour autant la compétence de transmettre, d'enseigner, de diriger. Mais tout être qui vit cette libération est contagieux. Il y a une grande différence entre la contagion et la transmission. À mon sens, un éveillé, à plus forte raison un réalisé, est celui qui est à la fois contagieux de ce qu'il vit et en même temps capable de le transmettre, et par conséquent de transmettre les pratiques, les structures conductrices qui correspondent au temps, au lieu où il se trouve. C'est aussi un traître ! Il trahit en effet les anciennes formes pour révéler les nouvelles : il actualise l'éternel dans l'enseignement qu'il transmet. Cela, c'est le propre de l'éveillé. Au demeurant, la qualité de conscience de l'éveillé et celle de tout être qui a pris conscience de sa nature profonde de liberté et du fait qu'il n'est pas séparé de tout ce qui existe sont complètement identiques. La qualité ne fait strictement aucune différence. Pour revenir à votre question, qui était pertinente, on peut dire qu'il n'y a de changement que lorsque l'éveil a eu lieu.

DEVENIR DISCIPLE DE L'AUTRE

Cela doit-il être la finalité de tout enseignement ?

Certes. En même temps, l'enseignement ne met pas en avant l'éveil de la personne, il se fonde au contraire sur la nature de l'éveil pour inciter les gens à grandir ensemble. J'ai remarqué, en fréquentant les milieux autour d'instructeurs, qu'il existait une sourde rivalité entre les élèves pour savoir qui était le meilleur, qui allait s'éveiller, qui allait se réaliser ; on pouvait dire du mal les uns des autres... En fait, l'éveil n'a rien à voir avec quelque chose qui se mérite. Je me suis rendu compte à quel point l'enseignement qui mettait en avant l'éveil comme le but ultime avait tendance à individualiser la démarche et à renforcer l'égoïsme de chacun. Dans mon enseignement, j'ai voulu au contraire que les personnes entrent en relation les unes avec les autres, qu'elles oublient un objectif personnel d'éveil, de libération, et reconnaissent qu'on ne peut grandir qu'ensemble, en prenant le risque de l'autre, en entrant en relation profonde avec l'autre dans la mesure où celui-ci est l'occasion d'aller voir ce qu'on n'est pas capable de voir tout seul. Si j'ai pu voir des choses importantes me concernant, c'est parce que ma femme, mes enfants, ma mère ou les gens avec qui j'étais en relation m'ont obligé à les voir. Dans l'enseignement, le grand tournant se produit finalement quand on cesse d'être victime de l'autre pour devenir disciple de l'autre. Il se passe quelque chose à partir du moment où l'on n'est plus obsédé par l'éveil (c'est quelque chose que j'ai tenu à changer dans l'enseignement, cette obsession de l'éveil !) et où l'on entre vraiment en relation avec ce qui est. C'est d'ailleurs là que j'ai compris la vraie signification du *satsang*, qui tient une grande place en Inde : cela ne se limite pas à la fréquentation du guru, mais c'est élargir le guru à tout ce qui est et fréquenter le réel en tout et partout. Le grand enseignement, le vrai satsang, consiste à vivre en relation consciente avec tout ce qui est ; c'est l'occasion d'un grandir qui, par nature, est de la nature de l'éveil. En sanskrit, Brahman signifie

« grandir », « croître ». Cette dynamique, du fait qu'elle devient prioritaire, nous libère de l'objectif de l'éveil ; on prend peu à peu conscience de la nature réelle du grandir et on se rend compte que cette nature est la réalité. Le grandir ne nous conduit pas à une réalité. Quand le Christ dit : « Je suis le chemin, la vie, la vérité », il ne dit pas « Je suis le bout du chemin », mais : « Je suis le chemin ».

C'est quand on entre dans un grandir constant, qu'on ne cherche plus à atteindre une destination finale, un but, qu'on l'appelle « éveil » ou autrement, que le grandir devient lui-même la conscience vivante dans laquelle tout est inclus. Je puis affirmer que les êtres qui vivent cela vivent le changement dont nous parlions tout à l'heure. Le changement, pour eux, ce n'est pas d'être passé d'un état à un autre, c'est d'être le changement. Saint Jean de la Croix disait : « Celui qui s'arrête en quelque chose cesse de se jeter dans le tout. »

Chapitre 2

Grandir et relation consciente

Par rapport à tous les enseignements spirituels traditionnels, votre philosophie apparaît très personnelle et très originale sur un certain nombre de points. Il en est un sur lequel vous insistez beaucoup, c'est la notion de « grandir ». Vous dites notamment que la fonction de l'instructeur spirituel est de faire grandir les êtres comme la pierre philosophale, qui fait « grandir vers l'or » et permet de « prendre conscience qu'on est de l'or en puissance ». Or, quelle que soit la tradition à laquelle on se rattache, l'hindouisme, le bouddhisme, le soufisme, le christianisme, le chercheur est invité, au contraire, à se « rapetisser » (comme dans saint François d'Assise), à disparaître, à s'annihiler, à se dissoudre, à lâcher prise. Pouvez-vous nous dire ce qui doit grandir en nous, et n'y a-t-il pas un lien à faire entre ce que vous appelez grandir et la nécessité, évoquée dans de nombreuses traditions, de cristalliser, coaguler un moi suffisamment stable pour être un canal ou un véhicule pour le Réel ?

DÉPLOIEMENT DE LA CONSCIENCE

Le mot « grandir » fait surtout référence à un déploiement, dans la conscience, d'une qualité qui, lorsqu'elle n'est cherchée que pour elle-même, entretient en général des comportements égoïstes. Lorsque cette qualité apparaît comme ne pouvant se déployer qu'à travers la relation de tout ce qui est, on est obligé à une qualité de conscience permanente, en toute situation, en toute circonstance — toujours et partout. La notion de grandir s'oppose en cela à ce qu'on poursuit en général sous le terme d'éveil, de libération, d'illumination. Lorsque j'ai mis en avant la dimension du grandir, c'était surtout, dans la démarche spirituelle, pour faire intervenir la dimension de charité, de rencontre avec l'autre.

Il est vrai que tous les enseignements traditionnels mettent l'accent sur une expérience immédiate, intuitive et radicale qu'on appelle la libération, l'éveil, mais c'est reçu de telle manière que les gens en font en général une démarche très individuelle, voire personnelle. C'est beaucoup plus face à cette approche-là que j'ai mis en avant la démarche du grandir, qui oblige à la relation, dans la mesure où l'on ne peut grandir qu'en relation avec le tout. Pour beaucoup, l'éveil est perçu comme possible, en rupture avec ce qui est perçu. Alors que le grandir n'est possible qu'en relation totale avec ce qui est perçu. C'est pourquoi j'ai tenté d'éviter les démarches dans lesquelles l'éveil est considéré comme l'aboutissement d'un processus ne relevant que de soi-même. C'est surtout pédagogique. Il ne faut pas voir dans la réalité que désigne le terme grandir quelque chose qui s'opposerait par nature à ce que les sages nomment l'éveil. Ce que la conscience éprouve dans le grandir est exactement de la même nature que l'éveil. Il s'agit seulement d'une dimension pédagogique qui s'est imposée à moi dans l'enseignement, face à ceux qui se trouvaient devant moi.

Est-ce pour éviter une recherche trop individualiste des disciples ?

C'est le premier aspect. Le second, tout aussi pédagogique, est encore un malentendu dans notre rapport au temps. L'éveil, tel que nous le recevons, voudrait nous faire rompre avec notre représentation habituelle du temps, ce qui peut induire un comportement d'inconscience par rapport à la nature du temps. Dans le processus du grandir tel que le présente cet enseignement, on est obligé à vivre consciemment le temps. L'éveil abolit le temps perçu comme durée menant à un résultat. De la même façon, le grandir, vécu dans son essence, abolit le temps, l'expérience du grandir se situant au-delà de tout ce qu'on pouvait espérer atteindre. Le fait de le présenter comme un grandir nous oblige à chaque instant. Ce que l'éveil demande aussi quand il dit « ici et maintenant », c'est une autre façon de vivre dans la durée ce que l'éveil propose hors de la durée.

GRANDIR NOUS OBLIGE À VIVRE

Vous incitez donc à ce que vous appelez la voie d'immanence ?

Mais c'est de grandir conscient qu'il est question. Le grandir nous oblige à vivre consciemment ce qui n'est la plupart du temps qu'une inflation du moi.

Qu'est-ce qui grandit dans le disciple ?

C'est la qualité même de sa conscience de la nature du grandir. Ce qui grandit n'est pas un objet. D'une façon plus globale, c'est dans la perception : la confirmation de la réalité de celui qui perçoit par la nature de ce qui est perçu, et la confirmation de la réalité de ce qui est perçu par la nature de celui qui perçoit. C'est un grandir d'ordre circulaire. Au fur et à mesure que cette conscience se déploie, ce qui est perçu confirme la réalité de cela qui perçoit, et ce qui perçoit confirme la réalité de cela qui est perçu.

*Plutôt que d'un grandir, ne pourrait-on parler d'une émer-
gence de l'éveil faite à partir de l'inter-relation entre ce qui
perçoit et ce qui est perçu ?*

Je n'emploierais pas le mot « éveil ». Je ne voudrais pas faire coïncider deux approches en prétendant qu'il s'agit de la même. On entre dans l'approche du grandir pour découvrir la nature du grandir. Je ne peux pas plus dire ce qu'est l'éveil que ce qu'est le grandir, puisqu'on parle de la même chose. Le grandir ne peut s'éprouver que dans le vécu de la démarche proposée et, à ce moment, il sera bien temps de voir si le vécu satisfait l'aspiration profonde de l'être.

*Le grandir serait-il, en quelque sorte, un éveil dans l'imma-
nence spatio-temporelle ?*

C'est une qualité de vécu au sein de laquelle ce qui est vu confirme cela qui voit et cela qui voit confirme cela qui est vu.

Y a-t-il une différence entre le grandir et le réel ?

Seule l'expérience peut le dire.

À nouveau, nous nous référons aux traditions spirituelles, en citant, entre autres, Denys l'Aréopagite : « L'Un est parfait, parce qu'il ne croît pas, étant achevé de toute éternité. » Comment conciliez-vous votre point de vue avec cette vision traditionnelle ?

Je ne cherche pas à concilier. Il y a une expérience au sein de laquelle la conscience se reconnaît au sein de ce qui est perçu. Cette expérience n'est pas le résultat d'un processus, elle en est la nature même. Le propre de ce processus est de n'être jamais figé, et lorsqu'on vit en son sein, autrement dit en dehors de toute accumulation d'informations sur le plan sensoriel, émotionnel ou intellectuel, ce qui se déploie, je l'appelle le grandir. Cela n'a rien à voir avec ce qu'on entend habituellement par grandir, c'est-à-dire : passer d'un état mesurable à un autre état mesurable, en tout cas vers le plus. C'est justement, comme très souvent dans l'enseignement, une contre-position obligeant à reconsidérer l'expérience ordinaire. Notre expérience ordinaire du grandir est inconsciente, dans la mesure où elle est vécue uniquement au travers de représentations mentales. Ce que j'évoque avec le grandir — le « grand dire », la « grande profération du divin » —, c'est l'entrée consciemment dans un processus où l'on éprouve le grandir dans son ensemble, supérieur à la somme des parties qui le constituent. Notre expérience du grandir est fractionnelle : soit sensorielle, soit émotionnelle, soit intellectuelle, mais ce n'est pas le grandir. Lorsqu'on vit au sein du processus, on se situe hors d'une dimension où quelque chose de plus va arriver. Le grandir n'est pas un plus, mais un processus dynamique qui interdit à la conscience de s'arrêter à une limite. C'est un processus continuellement vivant, en déploiement, en renouvellement, qui fait de chaque instant un nouvel éveil unique et différent. Je le vois comme un grandir d'éveil, qui incite à engager une nouvelle qualité de relation de partie à partie, puisque c'est dans la qualité de l'ensemble — qui est plus que la somme des parties — que va s'établir la relation. En parler d'entrée est un peu abrupt, car cela ne peut devenir consistant, concret, que lorsqu'on a pu dénoncer tout ce qui fait habituellement demeurer sur un chemin d'acquisition progressive. Pour en revenir à une terminologie traditionnelle, il est souvent fait référence à l'éveil en tant que démarche soit abrupte soit progressive. Il va de soi qu'on ne peut assimiler le grandir à une démarche progressive.

GRANDIR EN DIEU

C'est plutôt une démarche constante, une évolution...

C'est une obligation de chaque instant, puisque chaque instant est un processus dynamique du grandir. L'éveil ne peut se produire à un moment donné. C'est pourquoi l'enseignement m'a obligé à énoncer l'éveil en déploiement, que j'ai appelé le grandir, qui est d'ailleurs présent dans de nombreuses traditions. Par exemple, dans le soufisme, il y a la voie vers le *fana* — l'extinction du moi — et la voie dans la demeurance, la *baqa*, qui est le vrai grandir en Dieu. La voie dont je parle fait référence à cet aspect-là. Pour moi, l'extinction n'est pas tant l'extinction absolue et définitive du moi, c'est l'extinction de ce qui anime en général le comportement et qui est reconnu comme l'intérêt personnel. Le processus qui se met en route à partir de ce moment relève pour moi du « grandir en Dieu ». On grandit dans une dimension qui n'est plus motivée uniquement par l'intérêt personnel.

Par rapport au fana, qui implique l'anéantissement total de la personne, le grandir comporte encore un peu d'individualité, mais dégagée de tout intérêt personnel ; du point de vue de cette individualité, il semble normal que l'éveil apparaisse comme un grandir, comme un processus en croissance. Êtesvous d'accord avec cette formulation ?

Si l'on prend le terme « individuel » au sens purement étymologique, c'est-à-dire non divisible, oui. Mais profondément, vivre, c'est vivre ce qui, du point de vue mental, est apparemment inconciliable. C'est vivre la dimension de l'ensemble au sein d'une partie qui a cessé de se prendre pour une partie. Dans cette perspective, le grandir c'est être soi-même le lieu de l'expérience concrète d'un avènement de l'univers plutôt que le lieu d'un quotidien inachevé. Lorsqu'elle reste tranquillement assise, la personne qui vit cette qualité de conscience devient en quelque sorte la salle de méditation de l'univers, le lieu où il médite sur lui-même. C'est un peu comme si elle était l'une des nombreuses portes de sortie de l'univers sur lui-même, mais d'où l'univers peut se contempler de façon beaucoup plus absolue que chez la plupart des individus qui n'ont fait aucune place en eux pour l'avènement de l'univers, que seul habite le bruit du quotidien inachevé, de toutes les relations avortées, de tout le tourment qu'engendre la quête du bonheur personnel. Vivre le grandir, c'est être le lieu de l'avènement de l'univers, le lieu du grandir du monde, et non le lieu du conflit quotidien, de tout le laissé-pour-compte de nos carences de conscience.

LA RELATION CONSCIENTE

Il est un autre point sur lequel vous insistez beaucoup, c'est la relation. Vous insistez sur la nécessité de « prendre le risque de l'autre », car, dites-vous, « la relation avec les êtres est le chemin ». Vous ajoutez même qu'« on ne peut grandir qu'ensemble », que « c'est la relation qui nous fait grandir ». À ce propos, nous citerons les propos abrupts de deux contemporains, Jean Klein : « La vraie relation est la non-relation », et Andrew Cohen : « L'autre n'existe pas. »

Comment donc est-il possible de s'éveiller de la dualité « moi-autre » en faisant reposer sa recherche sur ce qui constitue le cœur même de cette illusion ? Ne faudrait-il pas se poser la question : qui est en relation avec qui ?

Ici encore, on retrouve une chose venue dans mon enseignement qui prend le contre-pied de ce qui est proposé traditionnellement. Le non-duel est beaucoup plus souvent prétexte au « deux moins un » qu'au « non-deux ». Lorsqu'on évoque la non-dualité et la non-relation comme l'ultime, cela revient souvent à faire l'expérience d'une unité qui serait de vivre le « deux moins un », plutôt que le « non-deux », comme si l'un était égal à deux moins un. Et c'est ainsi que nous évacuons tout un pan de notre quotidien sans évacuer celui qui en fait l'expérience. En essayant de travailler sur ce qui reste exclusivement à partir de cette première évacuation, nous allons à l'encontre de la dynamique qui a engendré l'organisme que nous sommes.

Werner Heisenberg a été l'un des premiers à mettre en avant la réalité de toute perception scientifique à travers la relation qui s'établit entre ce qui est perçu et cela qui perçoit ; cette loi est vraie de façon absolue. Voilà pourquoi j'ai appelé « corps de relation » le travail corporel que je fais

faire à certaines personnes. Le corps lui-même témoigne de
la nature de la relation comme nature de la réalité. Nous
avons malheureusement une expérience fort pauvre de la
relation, que nous voyons toujours constituée de deux
pôles : soi et l'autre, donc duelle.

L'expérience de la relation vécue pleinement nous fait
découvrir que l'un n'est ni deux ni l'autre, qu'il est depuis
toujours la relation. Vécue dans sa réalité, la relation est
parfaitement non duelle. Ce que nous vivons ordinaire-
ment est la « relation évitée », faisant apparaître l'autre et
le moi. Le processus auquel je convie les personnes par un
travail conscient est le même que celui auquel je les convie
par le grandir : il consiste à vivre la relation consciemment.
Trop souvent, nous ne recevons l'enseignement de l'éveil
que comme justification de l'évitement de cela même qui,
vécu en toute conscience, nous révèle l'omniprésence de
l'un, du non-deux. La relation est l'occasion de parvenir à
cette prise de conscience décisive.

Dans beaucoup de groupes de psychothérapie, on met l'accent
sur le fait de « prendre le risque de l'autre ». Quelle est, sur
ce point, la différence entre la recherche spirituelle et ce type
de travail thérapeutique ?

La grande différence vient de ce qu'on ne pratique pas
la relation consciente pour améliorer et aménager la relation évitée ordinaire, pour s'organiser des relations support-
ables, non conflictuelles ou constructives. Il n'est pas
question de relation réussie mais de conscience dans la relation, pour découvrir fondamentalement ce qu'est la vraie
nature de la relation. On s'aperçoit alors qu'il n'y a pas
moi et un autre. Dans les processus thérapeutiques, on met
en avant un travail sur la relation à tel ou tel aspect du

vivant afin de résoudre les problèmes conflictuels qu'on a à tel niveau du vivant. Dans le processus beaucoup plus global de la relation consciente, il s'agit, à travers la relation, de reconnaître en tout la même vérité ; il suffit d'entrer en relation consciente avec un seul aspect pour être immédiatement dans la dynamique de l'inter-relation du tout et des parties. C'est une démarche de type « holographique ». Dès qu'on entre dans la nature de la relation avec un arbre, une pensée, un objet, elle s'élargit à tout ce qui est, on entre dans le tissu du relié conscient de l'univers tout entier, dans la grande trame cosmique, la lîlâ* des mondes infinis, etc.

Mais il ne s'agit pas d'une prise de conscience « verticale », telle celle symbolisée par Shiva, qui est au contraire complètement indifférent à cette globalité, cette inter-relation, et se contente d'en être le témoin.

Celui qui entre consciemment dans cette qualité de conscience n'a plus besoin de ce qui est proposé dans la dimension Shiva, car ce en quoi il vit est totalement satisfaisant. L'expérience que l'on poursuit lorsqu'on cherche la conscience témoin, la conscience Shiva, est généralement liée à la façon dont on expérimente la manifestation. Celle-ci est vécue de façon insatisfaisante, et cette insatisfaction même semble légitimer tout ce qu'on attribue à l'expérience transcendante de Shiva. Ce qui, au sein de cette dimension — à laquelle on peut faire référence en tant que Shakti —, va vivre dans une évidence absolue la satisfaction ultime telle qu'elle pouvait être cherchée dans l'autre aspect n'a plus besoin de cet aspect-là. Ce qui est reconnu est non pas exclusivement de l'ordre de la Shakti, mais que tout est constamment le baiser de Shiva et de la Shakti, leur étreinte, et que l'on ne peut faire l'expérience de l'un sans contenir l'autre. Quand on a l'ombre, on a l'arbre. Vivre cette dimension de la conscience est totalement satisfaisant. Lorsque, tranquillement assis, on n'est préoccupé d'aucune action physique, psychologique ou affective, ce qui est vécu est un état de paix complète. La joie est la paix en mouvement, la paix est la joie au repos.

Comment peut-on savoir que l'on est au point d'intersection ?

Le danger est de s'arrêter en cours de recherche. Au sein de cette recherche, la véritable qualité de consécration et de conscience est ce qui refusera de se reposer tant que subsistera le moindre doute. Je ne peux que démasquer la personne qui veut se cacher, alors même que tous les doutes n'ont pas été levés. Mais une seule aspiration habite la personne sincère : ne pas s'arrêter en cours de route.

Par rapport aux voies traditionnelles invitant à réaliser que ce monde n'est qu'illusion, n'y a-t-il pas le danger de croire à cette illusion, et de faire ainsi obstacle à la libération envisagée ?

Ceci relève de l'intime conscience de chacun. Si l'on se reconnaît dans cet enseignement, on se donne les moyens de le vérifier. Le processus habituel par lequel sont passés certains grands instructeurs est de réaliser l'aspect transcendant du Brahman puis de réabsorber le monde perçu en son sein pour reconnaître qu'effectivement ce qui est vu est de l'ordre de ce qui voit ; tout cela devient alors le Brahman. L'important n'est pas la nature de la présentation de l'enseignement, et de savoir si elle s'oppose ou non à tel ou tel aspect des enseignements traditionnels, mais dans quelle mesure un chercheur authentique se reconnaît en lui et voit cette reconnaissance confirmée dans sa vie même. Si je témoigne, je le fais à partir de quelque chose que je vis. Si cet enseignement est venu de cette façon-là, il a sa raison d'être, il répond à une particularité de la demande actuelle. C'est une forme de mise à jour de l'enseignement par rapport à la situation dans laquelle je me trouve. Sa validité réside dans la façon dont les êtres qui se reconnaissent en lui vont le voir se confirmer dans leur expérience quotidienne.

Chapitre 3

La danse du oui

*Beaucoup de personnes sont venues vous écouter lorsque vous
donniez des enseignements. Comment l'expliquez-vous ?*

À venir m'écouter, on s'apercevait peut-être que l'on
n'écoutait pas « quelqu'un d'autre ». Je crois qu'on se lasse
d'écouter les autres et qu'on a surtout envie de pouvoir se
rencontrer soi-même. On a envie de venir écouter celui
qui laisse la place à cette rencontre décisive.

Il y a le choix entre un certain type de séminaires, où
l'on va apprendre de quelqu'un quelque chose en particulier, et d'autres où l'on écoute quelqu'un qui nous invite à
nous rencontrer en toute liberté, à nous ancrer dans la
relation immédiate avec ce qui est, sans nous obliger à un
rattachement particulier d'ordre philosophique, religieux
ou métaphysique.

Lorsqu'on se réfère à cet ancrage direct dans l'essentiel,
non seulement on leste quelqu'un dans la réalité de ce qu'il
est, mais en même temps on l'ouvre à « la toute possibilité » dans les relations. Il ne peut plus s'enfermer dans un
type particulier de fréquentations, il est accueil total et tout
être aspire à cette qualité : pouvoir venir et savoir d'emblée
qu'on est accueilli parce que l'on va nous laisser partir.

L'instructeur est un homme qui a deux portes constamment ouvertes : celle de devant qui accueille, celle de derrière qui laisse partir.

LE RÉEL

Vous évoquiez le réel et le fait que peu de personnes le désirent vraiment. Y a-t-il des mots pour parler du réel ?

Non. De même qu'on ne peut désirer le réel parce que le réel seul désire. Le début du *Tao te king* dit que celui qui sait ne parle pas et que celui qui parle du réel ne parle pas de la réalité : c'est juste mais incomplet. On ne peut pas parler du réel, soit, mais le réel, lui, peut parler. En fait, seul le réel parle. Celui qui est éveillé à cette nature-là, quoi qu'il dise, ne parle pas du réel, c'est le réel qui parle en lui. Lui peut parler de la pluie ou du beau temps, de la façon de faire pousser les carottes, ses mots n'enfermeront jamais celui qui les écoute parce qu'il n'essaye pas de parler de quelque chose : c'est cette chose-là qui est en train de parler en lui, ce sont des mots ouverts. Il est naturellement poète parce que ses mots louent, expriment et glorifient.

LE VRAI CHANGEMENT

Croyez-vous à la possibilité d'un changement chez un être humain ?

Si l'on entend par changements les passages d'un état à un autre, ils n'ont pas de valeur essentielle à mes yeux.

Pour moi, le changement radical consiste à vivre non plus les états successifs du changement mais son flux continu. Le seul vrai changement, c'est d'être le changement. Nous ne cessons de vouloir fixer le changement, un peu comme si nos âshrams étaient des abris-bus spirituels où nous attendons de prendre la vie à l'arrêt ; mais la vie ne s'arrête pas à l'abri-bus et nous devons nous contenter de la prendre en marche. Il semble d'ailleurs que la véritable traduction de l'expression *ashreï*, au début du sermon des béatitudes, ne soit pas « heureux les simples », mais « en marche les simples », et le mot hébreu *heber* désigne entre autres « l'homme qui marche ». Ce qui nous touche le plus chez un enfant, c'est son premier pas. Nous avons tous un souvenir de ce moment extraordinaire où un être se dresse. Le propre de la vie, c'est la marche, la roue qui tourne ; c'est cela le grand changement, la grande marche du monde, la marche des anges, la marche du vivant.

C'est une chose qui a été pour moi la surprise absolue. J'ai longtemps vécu en Inde auprès d'un sage et j'entretenais une vision de la spiritualité où il fallait absolument transcender le monde, atteindre cet immuable où tout est silence, paix absolue, repos éternel, où tout ce qui était mouvements, sensations, pensées, émotions devait être banni ou à dépasser. La grande surprise a été que la réalité se trouvait là où je la fuyais. Cette cavalcade du temps, cette cascade de la vie, cette course infinie, ce mouvement de joie est la réalité ; seule notre peur nous fait nous contracter au sein de ce déploiement et chercher par tous les moyens à en sortir.

Le changement radical consiste en fait à reconnaître que le changement est la loi de la vie. Le seul choix dont nous ayons l'absolue liberté, c'est d'être « synchro » avec le changement du monde, accordé ; là est la grande surprise : se retrouver d'un coup dans le chant joyeux de l'univers et, merveilleusement, n'en rien savoir ! Le mystère ineffable et la seule différence est qu'avant on le contemplait de l'extérieur et on en avait peur, alors que soudain on est dedans, on est soi-même le mystère. Connaître le mystère, c'est être un avec le mystère vécu comme joie, comme intelligence et comme création continue, comme invention continue.

À l'instant où j'ai vécu cette ouverture de conscience me sont venus ces quelques mots : « Dans la lîlâ des mondes infinis, je tisse des liens entre les fils (ou les fils) de moi-même, pour la seule joie de me reconnaître dans le regard de ceux qui s'aiment. » Le lien est le prétexte du Dieu joueur pour être le lieu de reconnaissance infinie. Pour celui qui ne veut que nourrir son histoire, le lien est son emprisonnement, son attachement et sa perte. Pour celui qui veut jouer au jeu du Dieu qui rêve les mondes, le lien est source de joie parce qu'il est l'occasion du regard d'amour. Celui qui s'est un jour senti aimé de la Mère divine peut s'abandonner en toute confiance et vivre cette reconnaissance. On n'appelle plus cela le devenir, mais le « Dieu-venir » ; il n'est jamais source d'aliénation, mais joie vagabonde.

ULYSSE

On est toujours, tant soit peu, habité par le mythe d'Ulysse, qui nous aide à découvrir à chaque instant les mystères du monde. Ulysse était-il vraiment préoccupé par le but de son voyage, ou goûtait-il pleinement tous les liens qu'il se créait ainsi ?

Le paradoxe de tout témoignage, c'est d'être à la fois exemplaire et inimitable. Je pense que le voyage d'Ulysse est de l'ordre de l'exemplarité inimitable : il donne à voir, à reconnaître, et il est d'autant plus exemplaire et inimitable qu'il relève de l'unique. Dans ce sens, on peut penser que le voyage d'Ulysse est celui d'un homme libre, qui laisse la trace exemplaire mais inimitable du témoignage de l'unique.

Le propre du théâtre grec ou des mythes est le témoignage achevé de ce qu'Aristote appelait la catharsis. Quand on allait voir le théâtre d'Euripide ou d'Eschyle, la scène devenait le lieu sacré de la prise de conscience. Les acteurs étaient au service d'un texte qui disait l'histoire de la conscience à partir des dieux, des héros ou des hommes. Là était donné à voir ce que l'homme ne voyait pas en lui. Sur la scène, son propre mystère lui était révélé ; alors opérait le charme du témoignage authentique, et la catharsis, la purgation des passions de l'âme, la purification avaient lieu.

Lorsque nous avons visité Épidaure, avec ma femme et mes enfants, nous avons eu la chance d'assister à la représentation des *Bacchantes* d'Euripide. La grandeur de ce magnifique théâtre de quatorze mille places et la petitesse du temple d'Esculape, le dieu de la médecine, m'ont d'abord surpris. « Comme ce temple est petit, il devait y avoir peu de place pour se soigner ! » me disais-je. J'ai ensuite compris que le lieu de guérison était en fait le théâtre — un hôpital de quatorze mille places, lieu de thérapie par excellence puisque lieu de catharsis. Le grand miracle de la culture grecque, en donnant à voir constamment, est d'avoir opéré à travers tous ces témoignages la possibilité de la catharsis, de la purification, de ce qui fait qu'on va ensuite rendre grâce au divin Asclépios pour avoir été soulagé et soigné. Je pense que le voyage d'Ulysse est du même ordre.

« DIEU-VENIR »

Souvent, lors d'un moment de souffrance, les gens entreprennent une démarche vers une maturité. Y a-t-il, selon vous, d'autres moyens que la souffrance pour grandir ?

Ce n'est pas la souffrance qui est en cause, c'est notre vocabulaire trop limité. Nous nommons d'un seul mot une vérité ponctuelle. Ce que nous appelons souffrance est la réalité à un moment donné. Pour nous, il y a un commencement et une fin. L'expérience limitée entre le commencement et la fin de ce que nous appelons « souffrance » nous fait poser la question : est-on obligé de passer par là ? Si nous enlevons le commencement et la fin, il n'y a qu'un long processus : lorsqu'il est reconnu, le terme « souffrance » n'a plus son côté rebutant. Le propre de tous les êtres qui ont reconnu la nature de ce processus est justement de ne plus s'arrêter à ce qu'avant ils appelaient souffrance ou plaisir, circonstances favorables ou défavorables. Lorsque nous nous dirigeons vers une destination, il y a toujours des circonstances favorables ou défavorables, des choses que nous appelons de tous nos vœux et d'autres que nous repoussons de toutes nos forces. Lorsque le sens d'une destination disparaît, que le voyage continue et que s'éveille peu à peu ce processus de changement absolu qui est « Dieu-venir », les moments que nous appelions souffrance ou bonheur n'ont plus de sens. La question de savoir s'il est nécessaire de passer par là ne se pose plus. Dans le cadre d'un travail, le plus important est le moment où l'on cesse d'être victime de ses situations d'attente pour devenir disciple de ce processus vivant. Tout l'art consiste à devenir disciple de ce dont on était victime. Ce que nous appelions bourreau à travers la souffrance de la victime devient guru à travers le travail du disciple. Personnellement, parmi mes maîtres, dans l'ordre d'apparition à l'écran, il y a d'abord eu mon maître Chandra Swami, puis la maladie, puis ma femme.

Une expression de M. Gurdjieff me paraît très pédagogique : « souffrance intentionnelle », c'est-à-dire le fait de pouvoir accueillir les événements comme autant de possibilités d'être disciple de ce qui est et de reconnaître jusqu'à quel point nous sommes victimes des situations. Dans la souffrance intentionnelle, nous permettons à la situation de devenir vraiment l'occasion de nous enseigner, de dire ce qu'elle veut nous dire.

Je crois que notre manque est de n'avoir pas reconnu que nous avons un inconscient extérieur. Toujours chercher un inconscient intérieur est très restrictif, très limité. Il y a continuellement, déployé autour de nous, un inconscient extérieur que nous avons délégué pour dire ce que nous ne pouvons pas nous dire. Le jour où nous réalisons que notre femme, nos enfants, nos parents, nos employeurs, nos employés, nos voisins ouvrent la bouche pour laisser passer les mots que nous mettons dedans, ce n'est plus « de leur faute » ou « grâce à eux » : nous reconnaissons ce que nous ne pouvions entendre en nous. Notre inconscient nous parle partout et nous permet de réaliser à quel point nous sommes soit victimes soit disciples de cet environnement. Dès que nous devenons disciples de cet inconscient révélé s'ouvre la possibilité d'abolir la séparation et de reconnaître la relation comme chemin de l'Un. Le cœur du travail est de réaliser, à travers cette conscience, que l'Un n'est jamais devenu deux. L'Un est la relation, et la relation est cette dynamique, ce jeu, ce lien que l'Un tisse continuellement avec lui-même. En fait, il n'y a jamais eu deux.

L'Un est continuellement en relation et le pouvoir de la relation est le pouvoir de l'Un. Donner, dans un premier temps, l'opportunité à notre environnement de nous le dire et de l'écouter, de passer de l'état de victime inconsciente à celui de victime consciente, à l'écoute, nous fait devenir les disciples de notre propre enseignement. Devenant disciples, nous quittons le monde du deux pour entrer dans le monde de la relation. Le monde de l'Un n'est jamais figé ; c'est un monde où, toute séparation abolie, l'Un joue continuellement la relation avec lui-même à travers les myriades de formes.

LA DISCIPLINE

La discipline est le comportement qui suit tout naturellement la naissance du disciple. Ce n'est jamais quelque chose que l'on peut s'imposer artificiellement. La discipline est la vie même de celui qui est né disciple, et l'on ne peut naître disciple que le jour où l'on a enfin compris à quel point on était victime. Nous sommes victimes de nos croyances, de nos attentes, de nos dépendances, de nos stratégies liées à la quête incessante du bonheur ; tant que nous n'avons pas pénétré intimement les arcanes de notre histoire et mis au jour les comportements quotidiens de la victime que nous sommes, il ne sert à rien de parler de discipline. La discipline va tout naturellement suivre la transformation de la victime en disciple. Lorsque de victime, qui constamment regimbe, refuse, ne fait qu'attirer les situations qui l'arrangent et repousser les situations qui la dérangent, on devient disciple, on reconnaît que cela ne peut pas se faire seul, et la discipline s'impose naturellement.

C'est une histoire, c'est le voyage de l'Un ensemble, et au moment où l'on reconnaît cela, on éprouve une joie ineffable, parce que c'est tout l'univers qui nous choisit comme lieu de sa propre reconnaissance, comme son lieu d'action. Ce jour-là, la force de tout l'univers nous habite. Se rendre compte que l'univers nous a engendrés pour prendre conscience de lui-même et jouer est beaucoup plus de l'ordre de la conscience cosmique que de l'éveil à un soi immuable et transcendant. Bergson disait que l'univers est une machine à faire des dieux ; ce jour-là, le disciple naît, le disciple sait que l'univers l'a enfanté pour se réaliser en lui, il est co-créateur de l'univers dans une espèce de logique circulaire incompréhensible à notre pensée linéaire. L'univers s'engendre en nous pour se reconnaître. Notre façon linéaire de penser ne peut pas saisir cela, mais elle peut le vivre, parce que c'est entendu et reconnu aux sources mêmes de cette intelligence comme une évidence absolue que tout l'univers confirme indéfiniment. C'est sa propre évidence, c'est la danse du oui. La discipline est la danse du oui.

L'ART DE LA FRICTION

Cela fait penser à la phrase de Woody Allen : « La réponse est oui... mais quelle est la question ? »

La réponse est oui, tout le reste est la question.

Dans la tradition judaïque existe ce jeu avec les mots pour les déstructurer...

Le grand art pratiqué par les étudiants du Talmud est l'art de la friction. Les maîtres disaient : « Trouve un autre élève et heurte-toi avec lui, frotte-toi avec lui. » C'est quelque chose de très universel que l'on retrouve dans toutes les écoles de sagesse. Dans leur entraînement, les jeunes Tibétains se troublent, se heurtent, ils récitent des sutras et ils se contredisent. C'est l'art de la relation consciente par la friction. Le fait de refuser constamment la friction empêche la relation consciente, parce que toute relation est au départ une friction et ne vivre que dans la réaction et ne gérer que la réaction empêche la création, le feu né de la friction. L'étude du Talmud a ceci de remarquable qu'elle oblige à la friction. Elle oblige à la vie, et il est merveilleux de voir comment, lorsque nous adaptons cette démarche à la vie quotidienne, nous faisons de chaque événement une ligne du Talmud et nous devenons des êtres de friction.

Notre grande tristesse provient du fait de ne jamais autoriser cette rencontre consciente, cette relation consciente avec ce qui est. Justement, le vécu d'une transformation qui passe de l'état de victime à l'état de disciple est celui du passage d'une relation évitée à une relation consciente. Les êtres qui sont disciples d'un enseignement authentique sont constamment dans la relation consciente, ils ne sont jamais dans l'évitement de la relation. Il y a effectivement, à ce moment-là, une façon de vivre, d'écouter, d'être disciple de ses propres réactions et de grandir à travers la relation — mais on a tellement tendance à se protéger et à penser qu'on va grandir entre deux relations ! Comme si, entre les relations, on avait la capacité de grandir avec de la méditation, avec du yoga, avec du zen ou je ne sais quoi, comme si on prenait un peu de vitamines pour venir ensuite dans la relation pour faire quelque chose, alors que c'est au cœur de la relation consciente, de la friction consciente que s'établit cette reconnaissance qui nous grandit, qui est le grandir du monde. C'est le jeu du lien frictif. Dans la relation évitée, on est dans le lien fictif. Il faut passer du lien fictif au lien frictif.

À ce niveau d'éveil de conscience, comment voyez-vous le monde aujourd'hui ?

J'ai un sentiment tellement naturel que Dieu n'a de sens que s'il est l'Histoire. Pour que l'Histoire ait un sens, il faut que Dieu se soit perdu dedans. Donc, voir dans l'Histoire les épiphanies de Dieu me suffit largement. Je pense que la dernière religion révélée est le marxisme. Elle est évidemment assez caricaturale, parce qu'elle est livrée aux institutions, mais elle était annonciatrice de l'humanité messianique. Il ne peut plus être aujourd'hui le temps d'un messie sauveur. Nous sommes la diaspora messianique, nous sommes tous le fils de Dieu en marche dans l'Histoire, et les avatars de cette Histoire sont l'Avatar. Nous sommes les messies, tous, parce que nous avons tous la mission réparatrice de nous éveiller à cela qui n'est jamais séparé. Les arrêts sur image m'intéressent peu.

L'ART DE LA CONDUCTIVITÉ

Quelque chose me semble très important pour notre époque. Celui qui naît en tant que disciple voit grandir en lui cette nécessité d'obéissance aux lois naturelles que j'appelle discipline, qui nous fait adopter naturellement des lignes de conduite. La conduite, il ne faut pas l'oublier, n'est pas seulement la bonne conduite. La conduite est le fait de devenir conducteur du vivant. Comme on dit d'un métal qu'il est bon conducteur, un être humain doit être bon conducteur de l'univers. Le disciple éveillé pratique l'art de la conductivité et incarne de plus en plus les lignes directrices du vivant, ce qu'on appelle des « valeurs ». Je pense qu'à notre époque, un signe indéniable touche tout le monde : la nécessité de vivre selon des valeurs oubliées, valeurs qui, en même temps, ne peuvent être apprises. C'est toute une façon de vivre qui permet à ces valeurs de se reconnaître, de s'établir. Pour moi, les lieux par excellence, les lieux privilégiés de cette reconnaissance, en dehors de l'ancrage que nous retrouvons dans l'intimité avec ce que nous sommes, se trouvent dans la relation consciente avec son mari, avec sa femme, avec ses enfants, avec ses parents.

Le divorce — que l'on prononce continuellement entre époux, entre parents et enfants, entre associés, entre employeurs et employés — est la marque galopante de la relation évitée, de la friction évitée. Je l'ai souvent dit : là où j'ai le plus appris, c'est avec ma femme, après mon maître et la maladie. La première relation extraordinaire est celle que l'on vit avec le maître, parce que lui, étant le poids de cet ancrage dans le réel, est contagieux et nous donne du poids.

L'un des premiers sens de thérapeute, en grec *therapeueïn*, est « donner du poids ». Donc, la première relation par excellence est la relation avec celui qui va nous rétablir dans notre poids d'origine, nous redonner notre dignité, notre poids d'homme. La deuxième relation va être celle à laquelle il nous renvoie, la relation à nous-mêmes avec ce

qui est, sans chercher à être autre, dans l'intimité avec cette
tension en nous, entre le réel qui pousse et l'apparente
adversité qui s'oppose : faire de ce lieu le premier lieu de
conscience, là où est entendu et reconnu ce qui est à la
fois l'appel du « Je suis » et la réponse du « Oui » — ce
qu'on appelle le pacte primordial, la convocation d'origine.

Cette deuxième relation, la relation de reconnaissance
avec soi-même, oblige immédiatement à la relation à l'autre. C'est ce que j'ai vécu avec ma femme, où j'ai senti de
plus en plus l'obligation de l'honnêteté dans la relation, de
la sincérité et donc de la rencontre avec ce qui fait le mensonge de l'intérêt, de l'égoïsme et de la peur. Le chemin
de la relation consciente nous montre à l'évidence combien
de fois nous sommes les victimes du divorce et jamais les
disciples de la relation consciente. Regardez le nombre de
personnes qui divorcent d'avec leur instructeur ! On
change d'instructeur tous les mois, toutes les semaines, on
fait des stages non plus pour la sagesse mais pour la « sta-
gesse », on fait du guru-zapping, et dès que cela devient
un peu difficile, on dit : « Oh, le guru n'est pas bon, l'instructeur n'est pas bon. » On divorce de cette relation fondamentale avec celui qui donne du poids. On ne cesse de
divorcer d'avec soi-même.

On change de comportements, de disposition de travail
et puis ensuite on divorce d'avec nos parents, d'avec nos
enfants, d'avec nos conjoints. Jamais on ne s'oblige à ce
travail de l'accomplissement dans une relation. Je sais que
je dois l'accomplissement de ce que je vis à la relation que
j'ai avec ma femme et avec mes enfants. Nous avons vécu
ensemble ce que vivent tous les couples avec toutes leurs
déchirures. Rien ne nous a été épargné. Nous avons vingt
ans de vie commune, mais maintenant je sais — nous
savons — que pour nos enfants, nous avons été l'exemple

d'un couple en travail, d'un vrai couple. Il n'y a pas long-temps, une amie, divorcée avec un enfant de dix ans, me racontait comment son fils lui avait dit un jour : « Maman, pourquoi t'es-tu séparée d'avec papa ? Je ne comprends pas, je ne vous ai jamais vus vous battre. » Et elle a ajouté : « Tu vois comme j'ai bien fait ! C'est merveilleux, tu te rends compte, j'ai réussi à éviter cela : il ne nous a pas vus nous battre, je me suis séparée avant qu'on en arrive là. » Je lui ai répondu : « C'est un point de vue. Il y en a un autre : celui d'enfants qui ont vu leurs parents se déchirer, puis qui les ont vus travailler ensemble, et enfin grandir. » Le drame est de croire que seuls les parents voient leurs enfants grandir, mais c'est merveilleux pour des enfants de voir leurs parents grandir et devenir un exemple de travail accompli.

Je sais aujourd'hui que nos enfants y regarderont à deux fois avant de divorcer, et qu'ils n'arrêteront jamais un tra-vail en cours de route. Ils ont vu leurs parents se disputer, se déchirer, être parfois sur le point de se séparer, mais travailler ensemble et trouver enfin le lieu de la croissance, d'un vrai grandir ensemble. Ces enfants-là ont un exemple, une valeur et une force en eux parce qu'ils savent que par un travail d'intelligence, de générosité, de tendresse, d'obli-gation de soi et d'attention à l'autre, on peut grandir ensemble.

Chapitre 4

Le souci de la vérité

Pourriez-vous exprimer ce qui vous paraît essentiel dans la quête spirituelle ?

La place accordée à la souffrance me paraît essentiel, parce que s'il est habituel que la recherche d'une solution à la souffrance soit à l'origine de ce qui deviendra la quête spirituelle, elle n'en est pas forcément le moteur dominant.

Les gens souffrent et, très légitimement, cherchent à sortir de la souffrance. Dans les réunions spirituelles, les séminaires, ou dans l'entourage d'un maître, nombreux sont ceux qui se trouvent là à cause de cette souffrance. La réponse à la question : « L'enseignement spirituel est-il là pour répondre à notre réaction, à notre refus de souffrir ? » est pour moi essentielle, car c'est elle qui va déterminer tout le reste du chemin.

LA SOUFFRANCE

Je pense immédiatement à Bouddha. Échapper à la souffrance, n'est-ce pas le point de départ du bouddhisme ?

Il convient de bien distinguer deux approches possibles, qui correspondent à deux façons radicalement différentes de considérer la souffrance dès le début de la quête spirituelle.

L'une prend la souffrance comme point de départ, la considère comme une obstruction à la nature intrinsèque de réalité, cherche à en déjouer les mécanismes d'origine et à s'en libérer. C'est une voie de type pragmatique, qui peut être athée et qui correspond effectivement à l'enseignement de base du bouddhisme ou, plus récemment, à celui d'un homme comme Krishnamurti. L'autre approche reconnaît la réalité de la souffrance, cherche également au départ à s'en défaire — personne n'aime souffrir —, mais après en avoir exploré et dénoncé les mécanismes, s'appuie sur l'aspiration profonde de l'être à se reconnaître et fait de cette aspiration le fondement du chemin spirituel. Éveiller cette aspiration dans l'homme devient alors la priorité et correspond, dans cette voie, à l'éveil de la foi.

Dans la première prédominent le refus de la souffrance et l'interrogation sur son origine. C'est plus une « enquête » qui conduit à découvrir que le « désir de l'autre », ou désir différent de soi, est à l'origine de la souffrance et à chercher les moyens de s'en libérer. Dans la seconde, le souvenir de la transcendance et l'aspiration à la rejoindre évoquent davantage la présence du sentiment religieux ; il s'agit plus, alors, d'une « quête » fondée sur le désir de l'un. Mon maître Chandra Swami dit : « Le désir, c'est ce qui est différent de vous. Rechercher Dieu n'est pas le désir, c'est votre droit de naissance. C'est reconnaître et assumer votre être véritable. »

Une alternative que l'on pourrait résumer ainsi : d'une part le refus de la souffrance, d'autre part l'aspiration profonde de la réalité. D'un côté, « condition humaine et nature de Bouddha », la souffrance masque l'Être. De l'autre, « épreuves de la foi et Passion du Christ », le zèle et la foi partent de l'Être qui aspire à se reconnaître. Dans la première la souffrance est centrale, dans la seconde la foi est centrale. Selon que l'on se rattache à l'une ou l'autre de ces approches, le regard que l'on porte sur le monde est évidemment très différent.

Pour en revenir à la question de départ : « Peut-on envisager l'enseignement spirituel autrement que comme réponse à la souffrance humaine ? », je répondrais qu'un homme qui souffre et réagit à sa souffrance vient vers l'enseignement en lui demandant de résoudre cette souffrance.

C'est l'homme souffrant qui est en position d'attente, d'écoute et même de revendication face à l'enseignement, et, très souvent, cette attente détourne complètement la nature de ce qui est transmis, récupérant l'enseignement au profit de cette revendication de ne pas souffrir. De mon point de vue, l'enseignement ne doit pas répondre uniquement à la souffrance de l'homme, mais également à quelque chose qui appartient naturellement à l'homme. Comme la faim appartient au corps, il y a une aspiration qui appartient à l'être, et c'est à cette aspiration que l'enseignement doit avant tout pouvoir répondre. Celui qui attend de l'enseignement une solution à sa souffrance n'écoute pas avec l'oreille de l'aspiration à l'être. On n'a pas appris à avoir faim, à avoir soif, à avoir sommeil, on n'a pas appris la curiosité de l'esprit, l'envie d'aimer ou d'être aimé ; ce sont des choses qui appartiennent naturellement à l'être et qui se manifestent au fur et à mesure que l'être se déploie. De la même façon, on ne doit pas apprendre à chercher l'être, à aspirer à l'être. L'aspiration à l'être est la faculté naturelle de l'être, et c'est en fait l'aspiration de l'être. Un enseignement doit d'abord réveiller cette aspiration, y répondre, la nourrir, et non pas répondre aux revendications des contrariétés des aspirations habituelles, qui constituent l'expérience ordinaire de la souffrance.

Cette aspiration à l'être qui, pour des raisons diverses, ne serait pas nourrie, n'est-ce pas une situation qui générerait une souffrance susceptible de se répercuter sur d'autres aspects de la vie, par effets secondaires ? L'entrée dans une voie spirituelle peut supprimer la souffrance, mais ce n'est pas l'aspiration à la suppression de la souffrance qui est le moteur légitime de la quête spirituelle...

Si l'on veut être précis, on pourrait dire qu'il ne faut pas se tromper de souffrance. Il y a la souffrance résultant des contrariétés de l'homme ordinaire, dont on fait trop souvent le moteur de la quête. On voudrait qu'elle soit tout de suite réglée, ou en tout cas que l'enseignement réponde aux revendications de cette souffrance, alors qu'il s'agit de tout autre chose. Certains peuvent souffrir de cette soif de l'être et cependant se trouver dans un désert. Mais l'attitude est radicalement différente, lorsqu'on vient vers un enseignement, selon qu'on est animé par la souffrance ou déterminé par l'aspiration à l'être.

Le grand cadeau d'un maître spirituel authentique, dans cette voie, c'est de déplacer radicalement le moteur de la quête. Lorsqu'une personne qui souffre s'adresse au maître qu'elle a rencontré, qui l'attire et la touche, elle lui pose des questions sur sa souffrance et sur la façon dont elle peut s'en sortir : c'est sa souffrance qui détermine ses questions. Apparemment, le maître ne se soucie pas de cette souffrance, mais par son rayonnement, sa contagion, sa pédagogie, il rappelle la personne à sa véritable dimension. Son grand cadeau n'est donc pas de focaliser la réalité sur lui, mais, lorsqu'il en parle, de faire que la personne à qui il s'adresse se souvienne qu'elle appartient à cette réalité. Or le souvenir de cette réalité ressentie en la présence du maître disparaît lorsqu'on s'en éloigne. Dès lors, qu'y a-t-il de plus important pour la personne lorsqu'elle revient vers son maître ? Est-ce régler sa souffrance ou retrouver cette réalité qu'elle a reconnue ? Que ce soit l'aspiration de l'être, ou la réalité reconnue par la bénédiction du maître spirituel, c'est indéniablement cela qui est naturel à l'homme, autant que la faim, la soif ou le sommeil. On peut comparer cela aux différents étages d'une fusée. Au début de la vie, c'est la faim, la soif, le sommeil ; un peu plus tard, la curiosité du sens, le besoin d'aimer ; un peu plus tard encore, l'aspiration de l'être. Un maître va, d'une certaine façon, nous faire écouter, nous souvenir, nous rappeler d'où nous venons et nous donner le goût, la nostalgie de cette réalité. Une fois cette nostalgie éveillée, le plus important sera de trouver comment nourrir cette aspiration, comment grandir dans cette aspiration qui est en fait la réalité. Car l'aspiration de l'être — et non l'aspiration à l'être motivée par la souffrance — est aussi proche de l'être que la lumière l'est du soleil. Quand elle est révélée, elle est autant l'être aspirant à sa propre reconnaissance que la chaleur est proche du soleil. Celui qui a vécu cela, et qui le perd, d'une certaine façon, lorsqu'il est en face du maître, est ensuite beaucoup plus soucieux de retrouver cela que la solution à sa souffrance. C'est la première chose importante : faire en sorte que la quête ne soit plus déterminée par « comment résoudre ma souffrance ? », mais par « comment nourrir ce qui a été éveillé et reconnu à travers ce contact ? ».

La souffrance évoquée ici, qui est un point de départ, résulte-t-elle de l'absence de contact avec cette réalité, avec la connais-

sance de cette réalité ? Est-elle une souffrance de manque, de vide ?

Il est clair que la souffrance dont il est question ici est celle qui relève de la nostalgie de l'être et non de la contrariété des projets personnels. Très souvent, la souffrance ordinaire justifie la revendication déguisée en quête spirituelle. C'est vraiment pour moi un point fondamental parce que cela permet ensuite d'être dans les dispositions justes pour recevoir l'enseignement. Quand c'est la souffrance personnelle qui reçoit l'enseignement, rien ne peut marcher pour une simple et unique raison : la souffrance ordinaire attend de l'enseignement des règles de vie s'apparentant à la problématique et au monde de la souffrance, alors qu'en fait les enseignements, les règles, les comportements, les rituels appartiennent à un monde dont les lois sont issues de la nature de l'être.

On est très souvent décontenancé en présence de l'enseignement, parce qu'on vient avec sa souffrance et on a l'impression que la réponse n'est pas appropriée. Il y a comme un décalage entre la règle, le travail proposés et le souffrant qui questionne. Pourquoi ? Parce qu'effectivement les enseignements ne répondent pas à la souffrance. Ils sont là pour nourrir ce qui est ressenti au moment de la reconnaissance du souvenir de l'être. Ce sont des lois qui ont leur spécificité, elles appartiennent au monde de l'être et les adopter implique que c'est l'aspiration de l'être qui les a reconnues et qui peut les appliquer dans la vie. Une pratique va alors nourrir ce qui est à la fois l'être et sa soif, l'être et son aspiration. Le côté paradoxal est en effet qu'en nourrissant l'aspiration, on nourrit l'être, parce que l'être et l'aspiration sont un. Mais là il y a harmonie, adéquation, parce que ce n'est pas le souffrant qui ne comprend pas pourquoi les règles ne conviennent pas, c'est l'aspirant, en son sens le plus profond, qui reconnaît ces pratiques et y trouve sa nourriture.

L'ACTE DE FOI

Il y a encore une vérité derrière cela. Le souffrant revendique une pratique personnelle pour se libérer de sa souffrance, alors que l'aspirant s'implique dans une pratique universelle. Ce n'est plus, au niveau de l'aspirant, un menu à la carte, une pratique où l'on dit « je », mais une pratique où l'on dit « nous ». C'est la communauté, la sangha, l'Église, l'assemblée des fidèles, ceux dont la foi s'est éveillée. Parce que le grand cadeau, le *donum Dei*, c'est, au moment où Dieu nous appelle, la réponse de la foi. C'est le oui qui est adhésion à l'appel reconnu. Quand le Seigneur demande à Abraham de quitter le connu et d'aller vers l'inconnu, Abraham répond oui. C'est là un acte de foi. Il sait ce qu'il quitte, mais il ne sait pas où il va. Le maître spirituel, le prophète reproduisent cela. Dieu parle à son prophète, et le prophète parle au peuple de Dieu. Quand le prophète parle au peuple de Dieu, il reproduit cet appel et il éveille la foi, et c'est cette foi éveillée qui alors reconnaît, se souvient. La prière transmise à Israël, c'est *Shema Israël*, « Écoute, Israël », écoute et souviens-toi, « l'Éternel, notre Dieu, l'Éternel est Un ».

Quand il y a cette reconnaissance, la foi est éveillée, mais ensuite, c'est à nouveau oublié. Cela ne reste pas, ne s'établit pas. La vraie foi, c'est-à-dire celle qui peut persister quand justement il n'y a plus d'objet, doit alors être nourrie. Quand le Christ est devant Thomas, celui-ci dit qu'il veut bien croire, mais pour cela il faut qu'il touche. Il s'agit alors de croyance, laquelle a besoin d'un objet. Et Jésus dit : « Heureux ceux qui croiront sans avoir besoin de voir et de toucher », c'est-à-dire ceux qui auront la foi, autrement dit la croyance sans objet. C'est ce qui doit être nourri en nous une fois qu'on a vu et que ce n'est plus là, pour parvenir à ce que cette foi demeure, grandisse sans qu'il soit besoin d'un quelconque objet. C'est d'autant plus nécessaire que la foi est à elle-même son propre objet, parce que c'est l'aspiration de l'être et non à l'être. En ce sens, il ne peut jamais y avoir d'objet à la foi, on ne peut jamais aspirer *à*, ce ne peut être que l'aspiration *de*. On ne peut aspirer à être Dieu, on ne peut qu'être l'aspiration de Dieu à se reconnaître.

Si, dans la souffrance, le corps qui doit être nourri est un corps individuel, dans l'aspiration, c'est celui de l'assemblée tout entière, l'Ecclesia constituée de tous ceux qui ont entendu l'appel et vivent dans cette foi. Pour nourrir ce corps, les pratiques doivent être liées aux lois qui régissent la foi, et non pas à la souffrance ordinaire. La pratique consiste alors à faire grandir cette assemblée. C'est pour cela que j'avais écrit dans *Les Béatitudes* : « Le mantra transmis par ceux qui ont entendu l'appel du Je suis et lui ont dit oui, le mantra transmis par ceux-là, c'est Nous sommes. » C'est le mantra qui nourrit le corps de la foi, qui n'est pas le corps d'un seul.

La souffrance individuelle ne doit pas être la base de la recherche spirituelle parce qu'elle n'est pas l'état approprié pour entendre l'enseignement. Seule l'aspiration du réel, une fois réveillée, peut l'entendre et pratiquer ou inventer les disciplines liées à la dimension de la foi. Au fur et à mesure que ces pratiques sont accomplies, elles génèrent une qualité de conscience qui peut percevoir la souffrance d'une autre manière et faire disparaître le monde de la souffrance ordinaire lié à la contrariété de l'égoïsme et du projet personnel. C'est un des points que, dans le contexte d'un enseignement, il faut éclairer tout de suite. Un enseignement n'est pas là pour répondre aux revendications de la souffrance, il ne vient qu'après qu'a été éveillée chez le chercheur l'aspiration du réel.

LE SERVICE « APRÈS-GUÉRISON »

J'ai souvent à l'esprit une phrase de Sai Baba de Shirdi, qui disait : « Je leur donne ce qu'ils me demandent afin qu'un jour ils me demandent ce que moi j'ai à leur donner. » Des gens venus à l'enseignement à partir de leur souffrance, et qui découvrent alors quelque chose qui a en eux une résonance très forte, seront amenés à laisser de côté leur souffrance, à ne plus lui laisser une place aussi importante dans leur esprit. La souffrance peut être à l'origine de la recherche spirituelle, bien que l'enseignement ne soit pas là pour ça.

Très rares sont les êtres capables d'assurer le « service après-guérison ». « Es-tu celui qu'on attend ? » demandèrent les disciples du Baptiste à Jésus. Et Jésus, citant l'annonce du Messie par le prophète Isaïe, dit : « Regardez, les malheureux, les souffrants sont soulagés, guéris, enseignés. Allez dire cela à Jean. » Un être comme le Christ soulageait incontestablement la misère humaine, la souffrance ordinaire, mais ce faisant, il n'omettait pas d'indiquer où se situait le chemin par excellence, celui de la foi.

Quand on a côtoyé de nombreux chercheurs sur le chemin, on fait immédiatement la distinction entre un être porté par la foi, un « aspirant » habité par l'aspiration, la nostalgie, le feu et un autre porté par la revendication, la contestation de la souffrance. Quand un homme qui souffre se présente devant un guru, celui-ci doit éveiller en lui le souvenir, la nostalgie de sa réalité afin que plus tard, lorsqu'il pose des questions, il ne soit plus déterminé par la souffrance mais par le souvenir de cette réalité qu'il a reconnue et qu'il aspire à retrouver et à vivre pleinement. Il se trouvera alors dans une position différente, d'abord pour écouter, ensuite pour pratiquer.

LA NOSTALGIE DE CELA

La preuve n'en est-elle pas que très souvent, en présence d'un sage, les questions qu'on avait, qui étaient des tentatives de verbalisation de la souffrance, disparaissent ?

Bien souvent même, lorsqu'on y pense ensuite, cela paraît ridicule. Les revendications avec lesquelles on était venu perdent leur caractère prioritaire. Dans la présence, il y a quelque chose de contagieux qui nous rappelle à l'essentiel et, une fois qu'on a reconnu cet essentiel, on est beaucoup plus déterminé par l'aspiration à cela. Les pratiques prendront alors plus de sens, parce qu'elles sont conçues pour nourrir cela, non pour résoudre la souffrance.

Il arrive malheureusement souvent, à l'heure actuelle, que la fausse question trouve face à elle la fausse réponse, que la souffrance soit manipulée avec une fausse promesse : « On va vous sortir de votre souffrance. » Un enseignement qui prétend nous sortir de la souffrance dès le départ pervertit quelque chose. Il cautionne en fait un des mécanismes de base de la souffrance : notre croyance au bonheur.

Il est malsain d'entretenir les gens dans la croyance qu'un enseignement est destiné à les sortir de la souffrance, et que c'est cela qui doit motiver leur démarche. Un maître spirituel a une seule responsabilité au départ : par son charisme, sa présence, la qualité de son être, éventuellement par ses propos, il doit rappeler celui qui s'adresse à lui à sa nature essentielle. À quoi avez-vous reconnu la nature authentique de votre maître ? À ce qu'il ne vous a pas fait croire qu'il allait guérir vos bobos, mais qu'il vous a rappelé Dieu, la vérité ; il vous a rappelé d'où vous venez, il a réveillé la nostalgie de Cela. Le Souci de la Vérité a réveillé le souci de la Vérité. La vocation, le dharma du maître est de faire des disciples — non pas des souffrants qui revendiquent et suivent des techniques en espérant supprimer leurs bobos —, des aspirants capables de discipline. L'aspirant qui pratique, celui-là devient un disciple.

LE TRAVAIL DU MAÎTRE

Un maître travaille donc sur quatre domaines :
— Le premier est celui de la souffrance. Il n'a aucune prétention à résoudre localement des souffrances physiques, psychologiques ou affectives ; il met en évidence les mécanismes à l'origine de ces souffrances et, en même temps, la légitimité des revendications au bonheur et au plaisir qui les génèrent — légitimes à certaines étapes de la vie d'un individu. Mais arrive un moment où la revendication au bonheur doit être vue comme le mécanisme à l'origine de la souffrance. Le drame réside dans l'intention de faire de la spiritualité l'occasion d'abolir la souffrance et d'atteindre le bonheur vrai, alors que la réalité n'a rien

à voir avec le bonheur. L'instructeur ne résout donc pas la souffrance, il démonte les mécanismes du faux.

— Le deuxième domaine est celui de l'éveil de la foi. Par la nature, la qualité de son être, il rappelle l'être à qui il s'adresse à sa nature originelle, à sa nature réelle ou à Dieu. Il affirme le vrai. Celui qui vit cette reconnaissance est semblable au prophète qui entend l'appel de Dieu. De tout son être il dit oui, et cette réponse est l'éveil de la foi. Cela bien sûr va disparaître, mais du moins le maître a-t-il permis cette reconnaissance. C'est une étape capitale, car d'un seul coup le moteur qui détermine la recherche est déplacé. C'est désormais l'aspiration, ce qui a été reconnu, qui va déterminer la recherche.

— Ayant provoqué cette reconnaissance, le maître va travailler sur un troisième domaine, qu'on appelle « nourrir la foi », c'est-à-dire transmettre les pratiques dont les lois appartiennent au monde de la foi, pour la nourrir. Ces pratiques vont contribuer à éveiller chaque jour davantage, au cœur de celui qui en a reconnu la nécessité, ce que j'ai personnellement appelé l'« obligation de conscience ». Cette obligation, ce devoir de l'être, remplace désormais les désirs anciens, les volontés et les envies passées. Désormais, ce n'est plus : « J'aimerais », « J'ai envie », « Je veux », mais : « Je dois, parce qu'il le faut » ; c'est le dharma, la dette de naissance. Les pratiques se vivent alors en conformité avec la loi, avec le « je dois », avec l'obligation. Ainsi nourrit-on la foi, passe-t-on d'un processus de revendication individuelle à un grandir global, universel, le grandir de la conscience qui se manifeste dans le monde par la communauté, l'Église.

— Enfin, le maître doit pouvoir travailler sur un quatrième domaine, qui est beaucoup moins connu. Lorsqu'on parvient à une conscience de plus en plus grande du processus en cours, on s'aperçoit que le processus livré à lui-même évolue vers le désordre. On a trop souvent confondu la spiritualité du non-moi et le laisser-aller ; or la grande qualité d'un maître, c'est d'intervenir dans la croissance du disciple au niveau de sa responsabilité, de faire prendre conscience que dans le monde on n'a pas le choix : on va soit dans le sens du désordre, soit dans le sens de l'ordre. L'obligation d'un être conscient est d'introduire une information d'ordre dans le mouvement naturel évoluant vers le désordre. Ce quatrième domaine, c'est donc la transmission des informations qui ordonnent le désordre. Cela fait appel à une connaissance un peu particulière, qui relève de la « relation consciente » entre la partie et le tout et entre les parties elles-mêmes. Comment un être qui a réveillé en lui la mémoire de l'intelligence du monde va-t-il être capable de réorienter en permanence le processus généré chaque fois qu'il y introduit une nouvelle information ? Informer constamment le monde pour l'empêcher d'évoluer vers le désordre exige une capacité d'adaptation et d'invention continue, une cybernétique spirituelle en quelque sorte. À ce stade, on parle de *jagat-guru*, de « guru du monde » : c'est le guru qui intervient dans le champ de l'action en informant continuellement un système qui, laissé à lui-même, évoluerait vers le désordre — ce que la physique moderne développe dans les théories liées aux principes d'entropie et de néguentropie*.

Tels sont les domaines d'action d'un maître : la souffrance, les mécanismes du faux, l'éveil de la foi, l'information du vrai, nourrir la foi par la transmission d'un enseignement et l'information du monde.

Pourquoi placez-vous la souffrance au début ?

Par souci de la vérité, parce que si la première chose que l'homme connaît, c'est la souffrance, face à elle la première tâche du maître est de mettre en évidence ses mécanismes afin que le chercheur ne se trompe pas de souffrance et que ce soit véritablement la souffrance métaphysique, l'aspiration de l'être, qui dirige sa quête et sa pratique — non pas la souffrance liée au moi, la contrariété personnelle et son cortège de revendications. Parce que mettre la souffrance en avant, c'est en quelque sorte mettre la compassion au début du chemin ; c'est s'obliger à distinguer la pitié — qui entretient la souffrance ordinaire — de la compassion — qui réveille l'infinie blessure —, et par là même reconnaître la prééminence du cœur dans la voie.

Parce que c'est le début et parce que c'est la fin.

Chapitre 5

Incarner l'éveil

Pouvez-vous témoigner de la façon dont l'éveil est survenu chez vous ?

Je pourrais faire concession à la petite histoire, et dire qu'à telle période il y eut telle série d'événements, mais je n'y crois plus beaucoup. À un moment donné, l'évidence fut là, mais à l'instant où elle fut là, les « avant » de non-évidence furent aussi abolis. Puis, aussi paradoxal que cela puisse paraître, brusquement l'évidence cessa d'être là et fit place à une idée fixe : comment retrouver cela ? L'erreur était d'en faire un objet de mémoire et d'espérer le reproduire. Il m'a fallu un certain temps, un temps de maturation — qui n'a pas été un temps de sommeil —, où il s'est imposé qu'on ne pouvait jamais répéter l'expérience de l'éveil, que Ça ne pouvait que s'incarner. C'est alors que j'ai compris beaucoup plus profondément les trois phases de l'enseignement traditionnel de l'Inde : *Shravana*, « l'audition du réel », « l'écoute de la réalité » ; *Manana*, « la méditation profonde aboutissant à l'intuition de la réalité » ; *Nididhyâsana*, « la ferme demeurance dans ce qui a été intuitivement perçu ». On ne pouvait y parvenir par un retour de soi sur une expérience antérieure de l'éveil, mais par la conductivité de ce que nous sommes de cet éveil qui a été vécu par son incarnation. L'éveil s'incarne. On s'aperçoit qu'on est de plus en plus habité par cette qualité de conscience. Mais ce n'est pas « un quelque chose » qu'on est allé rechercher en tant qu'objet de mémoire ; c'est un processus de croissance qui n'appartient pas au temps, c'est la nature du temps qui s'avère être cette réalité-là. C'est pourquoi l'éveillé sait que le « souverain bien » n'est pas quelque chose qu'il peut imposer aux êtres comme un but à atteindre, il sait que c'est la nature même de ce qui est au cœur du processus qui anime chacun. Ainsi, quand il s'adresse à une personne, il ne cherche pas à lui faire atteindre quelque chose d'ultime, il l'oblige à la conscience de ce qu'il vit dans l'instant. Il sait très bien qu'il lui fera ainsi rencontrer le processus qu'il reconnaît lui-même comme le « souverain bien ». Il ne peut y avoir de prosélytisme ; on n'est pas tendu, pour lui, vers quelque chose, on l'oblige à ce qui est maintenant, car ce processus-là, c'est déjà Cela.

Vous avez précisé qu'« au risque de surprendre », il vous paraît « fondamental le fait qu'on est éveillé par destinée » et que vous entendiez par éveillé « l'être dont la destinée est d'enseigner ». « Vivre ainsi l'éveil, dites-vous, c'est répondre aux personnes qui viennent solliciter l'enseignant, non dans l'intention de faire d'elles des éveillés, mais pour les faire grandir. »
Vous ne serez donc pas étonné de notre surprise à entendre cette conception de l'éveil, car nous ne l'avions jamais rencontrée auparavant : toutes les traditions spirituelles affirment au contraire que notre véritable nature est d'être éveillé, en aucun

cas elles n'assimilent l'éveillé à l'instructeur spirituel. Seuls les prophètes, créateurs de religions, sont élus. Quant aux « éveillés », nombreux sont ceux qui n'ont aucune vocation à instruire autrui.

Pourriez-vous donc nous expliquer ce qui vous a amené à cette conception élitiste et exclusive de l'éveil et ce que, pour vous, un « non-élu » peut attendre d'une recherche spirituelle ? Induiriez-vous en cela qu'il y ait des niveaux intermédiaires ?

Cette approche s'est imposée dans le processus même de l'enseignement. Je me suis rendu compte que, s'il était important de libérer les gens de l'ignorance, il était encore plus important de les libérer de l'éveil, et que l'éveil devenait pour beaucoup le pompon du manège qu'il fallait absolument décrocher. La nature même de l'éveil, tel qu'il était présenté, devenait l'obstacle le plus grand. Il faut bien faire la distinction entre la nature de l'éveil et celle de l'instructeur : les personnes qui envisagent l'éveil le font très souvent à travers la nature de l'instructeur. Il s'agit en fait de les libérer de cette projection, de les amener à ne plus chercher à atteindre ce dont l'instructeur peut témoigner. L'instructeur témoigne de ce qui est commun à lui-même et à l'élève. L'important est que cette reconnaissance ait lieu. Celui qui reçoit l'enseignement est libre dès l'instant où elle advient, parce qu'il sent que Cela qui reconnaît en lui est identique à ce qui est reconnu dans l'apparemment autre, l'instructeur. Pour moi, il s'agit du cœur de l'enseignement et du début du grandir : lorsque l'élève se « désaliène » de l'enseignement, car il reconnaît l'Être dans l'enseignant, et il ne peut le reconnaître intuitivement que parce qu'il est lui-même. Un éveillé est là pour libérer. La nature de ce qui est vécu est identique. Un être libéré est libre de ce qui constitue, d'habitude, l'esclavage quotidien, l'aliénation à ses croyances, etc. Le vécu de cet être-là n'aura peut-être rien à voir avec la nature d'un éveillé dont le rôle est de libérer les autres.

L'éveillé est un libérateur ?

S'il était un libérateur, il apporterait quelque chose que les autres n'ont pas. En fait, il les oblige à prendre conscience que ce qu'ils ont reconnu relève de leur Être. L'éveillé a un destin spécial, et on ne me retirera pas de l'esprit qu'il y a eu des éveillés et, autour d'eux, des êtres qui se sont libérés sans avoir la dimension des éveillés. Il y a des destinées. S'il n'y avait, dans l'enseignement spirituel, que les grands éveillés dont le nom est resté, qui aurait vécu ce qui fait sens à la vie ? On pourrait dire que le quota de résultats ne justifie pas tout ce qui s'est passé et, à la limite, ne justifie même pas l'existence de l'univers. Ce serait dramatique ! On s'identifie tellement à ces personnages qu'on appelle les éveillés qu'on s'empêche de concevoir la dimension spirituelle autrement qu'à travers leurs témoignages. Il s'agit en fait d'autre chose. Un éveillé est là pour nous obliger à voir la dimension réelle de notre être et à entrer dans un processus qui lui-même est libre par nature. Le propre de cette reconnaissance est qu'elle marque le début du grandir, et celui-ci doit être marqué par la liberté, sinon on demeure encore dans l'aliénation à l'autre, dans la projection personnelle. Dans l'entourage des éveillés, beaucoup de personnes continuent à entretenir la projection personnelle ; celui qui ne cherche pas à s'identifier à l'éveillé, mais se rend disponible à son enseignement, va reconnaître en toute liberté ce qu'il est, pour ensuite déployer et inventer son propre chemin de liberté.

ENSEIGNER PAR NATURE

On en revient à la notion de niveaux intermédiaires. Existe-t-il des êtres libérés n'ayant pas vocation à enseigner aux autres ?

Je ne peux me référer qu'à mon propre vécu. Un être qui s'éveille de la façon dont je le vis enseigne par nature. Je mets en avant la dimension de l'enseignement dans l'éveil car j'enseigne comme un arbre produit des fruits. Ce qui monte en moi va spontanément vers ce qui essaie de monter dans l'autre pour opérer cette reconnaissance. C'est plus fort que tout : dans ce processus de relation éveillée, l'éveillé ne peut faire autrement qu'inviter l'autre à cette fréquentation qui va lui donner la certitude qu'il est venu pour cette reconnaissance. Selon moi, celui qui vit cette sorte d'éveil est naturellement porté à faire grandir la reconnaissance mutuelle de l'éveil par lui-même.

Je ne peux m'empêcher d'être ce que je suis. Dans les *Lettres à un jeune poète*, lorsque ce dernier demande à quoi il peut reconnaître qu'il est poète, Rainer Maria Rilke lui répond : « Si, pour toi, ne pas écrire c'est mourir, alors tu es poète. » Si je me souviens bien, c'est aussi pour cette raison que Socrate a bu la ciguë. On lui avait demandé de choisir entre ne plus enseigner aux jeunes Athéniens qu'il détournait du droit chemin et mourir. Il a préféré boire la ciguë. Je crois que c'est un destin qu'on ne peut éviter et que la nature de l'éveil est directement liée à la nature de ce destin.

Vous insistez beaucoup sur l'« obligation de conscience », qui doit devenir « obligation d'amour ». N'est-il pas présomptueux de notre part de penser que nous puissions obliger la conscience ou l'amour à surgir en nous, et ne devons-nous pas faire preuve de plus d'humilité en nous efforçant de « faire la place » pour qu'ils puissent surgir ?

Il est présomptueux de conclure sur des termes avant d'avoir vécu intimement leur signification. Lorsqu'un enseignement propose des termes pour conduire une démarche de conscience, il est présomptueux de préjuger de leur valeur et de leur sens avant de les avoir explorés comme l'enseignement demande de le faire. Le mot « obligation » n'est pas issu de la stratégie mentale habituelle selon laquelle le fort impose un comportement ou une conduite à plus faible que lui. C'est une expression qui m'est venue directement. Par la suite, j'ai été surpris de découvrir que le premier sens de religion était « obligation ». L'obligation n'est pas, en nous, l'imposition d'une partie supérieure sur une partie inférieure ; elle est ce qui jaillit d'une évidence et d'une reconnaissance intimes. Si cette reconnaissance n'existe pas, l'obligation ne sera qu'un artifice, elle n'aura rien d'une démarche spirituelle. Le propre de cette démarche est l'humilité et la simplicité ; à un moment donné, elle nous fait vivre une reconnaissance double : la reconnaissance du vivant allant de pair, d'un coup, avec la montée d'une gratitude. Au lieu de constamment réclamer un dû et réagir par rapport au vivant, on vit une forme de reconnaissance qui induit un sentiment de dette, mais vécue déjà dans la gratitude. La seule façon d'assumer cette dette, c'est d'être conscient.

Payer cette dette ne consiste pas à accumuler ceci ou cela, à atteindre tel ou tel état, mais implique d'être conscient ; l'obligation de conscience jaillit de cette reconnaissance. Et c'est grâce à l'humilité — qui a fait que nous nous sommes effacés devant ce qui était rapport d'exi-

gence, de revendication — que cette reconnaissance a pu
nous obliger au plus beau qui soit, c'est-à-dire à prendre
le risque du Tout, à dire oui au Tout — lequel, en même
temps, a été vécu comme le « je suis » absolu. Il s'agit d'un
jeu de relation ineffable entre la part de nous-même qui
fait en quelque sorte office d'interface avec le Tout et dit
« je suis », et celle qui lui est identique et « se dit oui ».
L'obligation de conscience est « je suis » qui se dit oui.
C'est le cœur même de l'humilité et de l'effacement de
tout ce qui est d'habitude de l'ordre de la revendication
personnelle. Cet appel du « je suis » est reconnu et entendu
comme vibrant en soi et dans tout l'univers, on ne peut
faire autrement que de lui répondre oui. Le vécu quotidien
de cette réponse au oui est l'obligation de conscience. C'est
l'obéissance première à notre « je suis » d'origine. Cette
obligation, personne ne peut nous l'imposer : seul l'Un se
la révèle à lui-même. Celui qui la vit est le chercheur le
plus humble, le plus simple et le plus sincère qui soit, et il
sait qu'il n'existe qu'une façon digne de la vivre : dans la
relation consciente à l'autre, où l'autre devient le lieu de
révélation de la même conscience. C'est alors une relation
de charité, d'amour, de compassion.

*L'appel du « je suis » nous semble nécessiter une démarche très
intériorisée, très personnelle, et nous ne voyons pas comment
la relation à l'autre peut amener à cette intériorisation. Vous-
même avez ressenti le besoin de vous retirer pendant des
années...*

J'ai éprouvé ce besoin et j'ai fini par me rendre compte
de mon erreur. Mais je dis bien *mon* erreur et non pas *une*
erreur. Il faut préciser que mon enseignement ne récuse à
aucun moment l'authenticité (heureusement !) des ensei-

gnements traditionnels, que j'ai d'ailleurs moi-même suivis à une époque ; mais je me suis rendu compte que mon attitude était vécue dans le mensonge, et le fait de l'avoir assumé fut déjà un moment de reconnaissance qui m'obligea à vivre beaucoup plus consciemment ce que j'essayais de dépasser. Il s'est alors produit une chose qui pour moi fut radicale. Quand je propose aujourd'hui la relation consciente avec ce qui est, c'est parce que « je suis » n'est pas limité à l'expérience exclusivement intérieure, qu'il est plus que la somme des parties, que la somme des apparents protagonistes d'une relation ; j'ai en effet toute possibilité de rencontrer cette dimension du « je suis » dès lors que j'entre en relation avec n'importe quoi. Il me paraît évident, étant quotidiennement confronté à des personnes dont la vie est faite de relations, que c'est en amenant la conscience au sein de celles-ci — mais éclairées par un ensemble qui est plus que leur somme — qu'elles deviennent chemin de libération, chemin de conscience authentique.

Ne peut-on penser que vous avez obtenu ce type d'illumination grâce à toutes ces années d'austérité ? Auriez-vous abouti de la même façon si vous ne les aviez pas accomplies ?

L'important me paraît plus être la façon dont cette qualité de conscience a pu s'incarner en moi que celle dont elle a pu émerger à un moment donné. Dans la genèse de l'enseignement que je transmets aujourd'hui, ce qui a été vécu après l'illumination a beaucoup plus d'importance que ce qui a été vécu avant. C'est la croissance de l'illumination dans le quotidien qui a fait apparaître les aspects que j'énonce maintenant. Voilà ce qui constitue la base de mon témoignage. Ce qui est venu après l'illumination est la nature de l'obligation. Il y avait une réalité qui poussait, cherchant à s'incarner en moi, et quelque chose qui, apparemment, s'y opposait. Il a fallu, avec le temps, reconnaître que ce qui poussait en moi et ce qui s'y opposait étaient de même nature. Cela m'a obligé à une qualité de conscience entre ce qui poussait en moi et tout ce à quoi j'étais confronté. L'enseignement est beaucoup plus né de ce processus que de ce qui existait avant l'illumination. C'est pourquoi, aujourd'hui, je ne demande à personne de suivre mon itinéraire antérieur : cela ne correspond à rien du point de vue de l'enseignement.

Du point de vue du résultat, quand on enseigne, on a la lourde responsabilité de la réalisation spirituelle de ses disciples. Si vous les privez de ce qui vous a, de façon manifeste, préparé à la réalisation, n'est-ce pas une entrave ?

Ce serait une entrave si je les privais de tout sans rien leur donner. Or je les prive seulement de ce qui pour moi a été une erreur, et je les fais bénéficier de ce qui a été la démarche éclairée par l'illumination elle-même. Avant l'éveil, ma démarche était éclairée par mon ambition, mes peurs, mes frustrations. Je leur évite ces impasses et les invite à vivre, dans le quotidien, cette démarche éclairée par l'éveil, pas du tout par ce que je pratiquais avant et qui était déterminé par mon intérêt et mon ambition. D'ailleurs, je ne considère même plus avoir des élèves : des gens viennent et se reconnaissent dans ce que je dis. Ceux qui viennent m'écouter bénéficient d'un regard qui a généré une vie qui, ayant incarné progressivement le vécu de l'illumination, a débouché sur un enseignement prenant en compte tout l'environnement dans lequel on vit aujourd'hui en Occident. En effet, l'avant de l'illumination avait surtout été vécu en Inde, alors que l'après l'a été en France et dans des conditions très différentes : en étant marié, avec des enfants, des obligations sociales et professionnelles. Il m'apparaît beaucoup plus bénéfique de m'adresser à des chercheurs en fonction de ce que j'ai vécu — et de tout ce à quoi j'ai été obligé à travers ma relation de couple, ma vie professionnelle — qu'en fonction d'un vécu antérieur beaucoup plus lié au rêve d'un pseudo-solitaire sur les contreforts de l'Himalaya.

Que pensez-vous de l'affirmation, largement développée par M. Gurdjieff, selon laquelle l'être humain est mû dans tous ses fonctionnements par une mécanicité absolue, sans d'ailleurs être pour autant totalement enfermé dans cette mécanicité ? Quelle est pour vous la part de liberté qui reste à l'homme ?

Je pense que M. Gurdjieff était l'un des rares à savoir de tout son être que l'énergie même de la mécanicité n'existe que par l'énergie de la liberté fondamentale. C'est sur cette mécanicité-là qu'il faut travailler, non pour l'abolir, mais pour reconnaître l'énergie libre d'origine qui en permet le déploiement.

Vous avez fait allusion au fait que votre femme avait été un maître pour vous, ainsi que la maladie, la souffrance physique. Pourriez-vous nous expliquer cela ?

Quand nous pratiquons l'exploration de la véritable nature de la relation, aucun objet — au sens métaphysique du terme — n'a de valeur prioritaire, que ce soit une femme, une maladie, une situation donnée, si ce n'est par le mal qu'on peut se donner de bien vouloir être conscient de la relation qu'on établit avec cet objet. Si je mets en avant ma femme et ma maladie, c'est parce que ce sont des « objets » qui m'ont obligé à une certaine qualité de conscience au sein de la relation. Je ne veux pas non plus attribuer faussement à ma femme ou à ma maladie, en tant qu'« objets », une valeur qu'elles n'ont pas. Elles n'en ont une que dans la mesure où j'en fais l'occasion d'une reconnaissance. C'est quelque chose qui, après coup, peut faire éprouver de la gratitude. Un enseignement n'est jamais un objet en soi, il relève de la qualité de conscience que l'on met dans la relation établie avec l'objet en question. Et c'est vrai pour tout.

La souffrance physique possède une dimension supplémentaire : le rappel constant de la fragilité de toutes nos prétentions face à l'échéance ultime. Elle nous oblige à reconnaître que, de la même façon qu'on peut vivre la liberté au sein d'une limite reconnue en tant qu'individu — et non pas en essayant d'atteindre l'illimité —, on peut vivre la liberté au sein de la relation en reconnaissant la nature inéluctable des phénomènes de dépendance. Vouloir transcender d'un seul coup ce qui est de l'ordre de la limite ou de la dépendance, c'est s'aliéner à une utopie. La nature de la relation consciente nous oblige à la réalité des dépendances, on ne peut y échapper. Mais il y a une façon de reconnaître la dépendance qui permet de la vivre en toute liberté et, sur le plan individuel, une façon de vivre la limite qui nous la fait vivre non plus comme une contrainte, mais comme une expression de la liberté.

On pourrait penser que la souffrance peut au contraire conduire à chercher une certaine transcendance. N'est-ce pas parce qu'elles parviennent à transcender la souffrance que certaines personnes qui souffrent beaucoup entrent dans une recherche spirituelle ? La souffrance est-elle réelle ?

Pour moi, se libérer de la souffrance, c'est reconnaître la nature de réalité de la souffrance, non pas atteindre un état d'où la souffrance soit exclue. On peut faire la différence entre la douleur et la souffrance : la douleur est un objet, et la souffrance la réaction à cet objet. Le vécu de la douleur comme quelque chose d'inéluctable et appartenant à la réalité nous fait nous libérer de la souffrance en tant que réaction de refus par rapport à cet objet-douleur.

Les notions de votre enseignement sur lesquelles nous venons de vous interroger font appel à un humanisme et une morale qui ne s'y trouvaient pas auparavant. Est-ce parce que vous avez adouci votre méthode, jugeant que le conditionnement culturel moderne occidental ne permettait pas à vos disciples d'appliquer une méthode radicale ? Ou parce que vous auriez ajouté un versant exotérique à votre enseignement, dont vous ne communiqueriez l'aspect ésotérique qu'à un petit cercle d'initiés ?

J'ai supprimé de mon enseignement toute dualité ésotérique-exotérique. Je pense être devenu quelqu'un de plus ouvert et simple par la sollicitation d'un plus grand nombre de chercheurs. Cette sollicitation est surtout liée à la nature même de la demande que tous ces chercheurs incarnent et qui est une. C'est la nature de cette demande qui a fait jaillir en moi la forme de cet enseignement. En tant que personne séparée, je ne suis pas responsable de sa nature. Il est directement le fruit d'une rencontre entre la demande telle qu'elle s'incarne chez ceux qui m'approchent et ce qu'il y a en moi. Je ne peux exprimer autrement la raison pour laquelle il a aujourd'hui cette forme. Ce qui apparaît en lui est chaque fois une surprise pour moi et confirme par là même sa cohérence. Au fur et à mesure qu'il se déploie, je ne vois rien qui vienne contredire ou infirmer ce qu'il a auparavant engendré. L'aujourd'hui de l'enseignement n'abolit pas l'hier, il l'accomplit. C'est la même loi qui s'énonce.

REVIVIFIER LE LANGAGE DE L'ÊTRE

L'enseignement s'actualise chaque jour. Si est apparue l'importance capitale de la morale, c'est une éthique naturelle de la réalité qui s'impose au cours de l'enseignement, comme axe même de celui-ci.

Pourriez-vous nous parler de cette éthique de la réalité ?

Dans le processus de déploiement de cette conscience, l'individu voit bien à partir de quel moment il est plus ou moins conducteur de la réalité qui cherche à s'incarner. Il y a indéniablement, à ce moment-là, une certaine façon de vivre qui correspond à une insertion naturelle dans les rythmes de la vie, dans les lois naturelles. De même qu'il existe une façon harmonieuse de marcher sur terre, de se déplacer dans l'air, il y a une façon harmonieuse de se mouvoir dans la conscience libre. Cette façon harmonieuse déploie en toute simplicité ce qu'on appelle les valeurs morales. Et celui qui vit cela reconnaît instantanément que ce sont, par excellence, les valeurs directrices de l'univers et les valeurs conductrices d'une vie humaine. Sur le plan quotidien, mais également sur le plan spirituel, dans la mesure où ce n'est pas quelque chose qui est adopté par intérêt, mais par un aspect intuitif de ce qui est valeur absolue. C'est de l'ordre de la reconnaissance intime et de l'adéquacité.

Un éveillé a non seulement pour destinée de transmettre l'enseignement qui va libérer les êtres de leur aliénation à tout ce qui constitue les intérêts de moindre souffrance, la dynamique du bonheur, mais il est aussi, là où il exerce par vocation, destiné à revivifier ce qui a toujours été le langage de l'Être. Ce qui va témoigner au plus haut point de la qualité d'éveil d'un être, c'est dans quelle mesure il va pouvoir ressusciter, revivifier complètement la tradition au sein de laquelle il vit et qui imprègne les êtres à qui il s'adresse. Revivifier cela, c'est réhabiliter complètement l'authenticité d'origine de la révélation mosaïque ou christique. J'ai écrit un ouvrage sur les Dix Commandements parce qu'ils sont au cœur de la tradition. Tout enseignement se résume à ce qui va jaillir de la reconnaissance. « Je suis », c'est la capacité d'aimer. « Je suis », c'est « Je suis amour ». Ce n'est que dans cette reconnaissance intime où l'autre s'abolit dans l'amour que l'Un se donne à lui-même. Et dans cet amour, le deux est aboli ; il n'y a pas de place pour deux. Mais en même temps, dans la manifestation, cela est vécu avec ce qui n'est plus l'autre. Voilà pourquoi le couronnement de l'obligation de conscience, c'est l'obligation d'amour. Il est évident qu'on ne peut s'obliger à aimer. Ce n'est justement que dans cette reconnaissance intime où l'autre s'abolit dans l'amour que l'Un se donne à lui-même.

LES DIX COMMANDEMENTS

Mais les Dix Commandements sont-ils vraiment susceptibles d'amener à une pareille reconnaissance ? Ils apparaissent plutôt comme un code de morale.

C'est pourquoi il faut les entendre à partir de quelqu'un qui vit à leur source même pour leur restituer leur valeur absolue. Ce n'est pas seulement un code de bonne conduite entre les êtres. Conduire, c'est aussi être « conducteur ». Le plus important de la conduite proposée par les Dix Commandements est de se rendre conducteur de la force d'amour qui est derrière chaque chose et en toute chose. La tradition nous oblige à être conducteurs de cette réalité-là.

Ne peut-on pas penser que l'amour puisse jaillir, non pas du respect des conventions morales, mais plutôt d'une compréhension lucide et intime de notre être véritable, de notre réalité ?

Oui, mais pour qu'il y ait compréhension intime de notre réalité, il y a un chemin à parcourir qui nécessite une adéquacité. Tous les enseignements préconisent, au début du chemin, une morale dont on ne peut faire fi.

La vie ne nous épargne pas. Ce qui n'a pas été intégré avant ne peut se faire seul. Pour pouvoir intégrer cette conscience en nous, il faut être conducteur de cette conscience. Ce qui n'a pas été réalisé avant, il faudra l'accomplir après. Ce n'est pas parce qu'on fait une expérience décisive de reconnaissance de ce qui, en nous et en l'instructeur, est la même chose qu'on est établi dans cette reconnaissance d'emblée. Cela donne une qualité de liberté indéniable à ce qui constitue la nature de notre chemin ; mais au fur et à mesure que nous allons vouloir intégrer cette liberté dans notre vie, nous allons nous rendre compte que nous sommes obligés, par la vie elle-même, à une certaine forme de comportement. J'appelle cela l'Éthique du Réel, qui n'a rien à voir ni avec la morale de la peur, ni avec la morale des dominants sur les dominés. C'est vraiment l'Éthique qui s'impose par la reconnaissance du vivant par lui-même.

Chapitre 6

L'obligation de conscience

Celui qui croit être arrivé quelque part est beaucoup plus au service de ce qu'il croit avoir atteint que libre et disponible pour écouter et répondre à celui qui le sollicite. La qualité à la base même de la relation entre quelqu'un qui témoigne et quelqu'un qui vient chercher réside vraiment dans la capacité d'écoute. Je pense que celui qui « est arrivé », qui « a atteint », perd cette capacité d'écoute.

S'il n'y a pas d'arrivée à un endroit particulier pour le cher-cheur, il doit bien y avoir un départ ?

Le départ, c'est le chercheur, et plus précisément sa motivation. Pourquoi vient-on à l'enseignement ? Sommes-nous venus à l'enseignement ou avons-nous quitté un endroit ? Que cherchons-nous à travers une pratique, une voie que nous pensons n'avoir pas trouvé ailleurs — cet ailleurs que nous avons justement quitté ? Il est important de dénoncer cette erreur sur le chemin, en se posant la question : « Est-ce que, finalement, je ne viens pas chercher dans cette voie et par cette pratique ce que je n'ai pas trouvé dans ma vie jusqu'à présent ? » Il convient d'autant plus de mettre cet argument en évidence qu'il est souvent avancé pour justifier la nécessité de cette pratique ou de cette voie. Toute entreprise spirituelle partant de la croyance qu'« on va trouver là ce qu'on n'a pas trouvé ailleurs » est perdue d'avance. Ceci amène à se poser la question : « Ce qu'on cherchait ailleurs existe-t-il ? » Ou encore : « Que cherchait-on vraiment ? » Nous nous apercevons ainsi que ce que nous cherchions derrière tous nos objets et toutes nos activités dans la voie du monde, c'était un bonheur durable et que, ne l'ayant pas trouvé, nous nous tournons vers les objets et les activités d'une voie dite spirituelle, en espérant bien l'y « coincer » quelque part, mais sans jamais remettre en cause la réalité de son existence. J'ai résumé cela dans l'enseignement comme la « dénonciation du faux » ou la « croyance au bonheur ». Sans cette lucidité, on fait de la voie spirituelle la justification de la poursuite du bonheur, et l'on perpétue ainsi les comportements mêmes du monde que l'on prétend quitter.

LE BONHEUR, UN ALIBI DIVIN

C'est pourtant une recherche reconnue par les sages de l'Inde et d'ailleurs : « Tout être aspire au bonheur. » C'est le but de la vie dite « du monde » et celui de la voie spirituelle.

C'est plus qu'une simple question de vocabulaire, qu'il convient ici de préciser pour éviter la confusion. Le bonheur est un état psychologique qui dépend en permanence de nos humeurs et des événements extérieurs. Quand l'événement coïncide avec notre désir du moment, il y a bonheur. Ce bonheur est tout à fait légitime du point de vue psychologique, de même que le plaisir est légitime du point de vue biologique. L'enseignement ne remet pas en cause la légitimité du bonheur, mais il ne fait pas la confusion entre l'objet de la spiritualité et l'objet de la quête psychologique ou physiologique. Le bonheur est un alibi divin qui permet de structurer la conscience mentale et l'homme pensant, ce n'est pas la finalité de la conscience à l'origine du processus d'évolution ; il fait partie des alibis provisoires qui ont une vertu et une valeur fondamentale. Mais ce qui est derrière ce processus, au cœur même de cette conscience, et qui est saisi par l'intuition seule, ne peut se réduire à l'« expérience du bonheur ». Un être dont la conscience s'est ouverte à cette dimension-là ne place pas du tout le bonheur à la base de son expérience. C'est quelque chose qui a un goût tout à fait différent, et qui par ailleurs ne condamne ni le plaisir ni le bonheur. Cela seul peut rendre compte de l'expérience spirituelle réelle.

L'enseignement est la nature même de l'enseignant. Un prunier fait des prunes, un instructeur enseigne ; là est le cœur de l'enseignement. J'appelle cela l'« affirmation du vrai ». La nature de l'enseignement est fondée sur une expérience décisive de la conscience qu'on appelle l'« éveil ». L'enseignement est alors la réponse adéquate au temps, au lieu et aux personnes qui viennent pour grandir vraiment. Vivre ainsi l'éveil, c'est répondre aux personnes qui viennent solliciter l'enseignant, non dans l'intention de faire d'elles des éveillées, mais pour les aider à grandir consciemment dans un processus global auquel elles appartiennent totalement et dans lequel elles doivent se reconnaître. Un enseignement éveille l'homme à sa responsabilité d'être conscient. C'est l'âme de ce que je transmets, l'« obligation de conscience ». Celle-ci est liée à une reconnaissance intuitive face à la vie : en tant qu'être conscient, nous avons une dette et un devoir. Elle est la réponse naturelle à l'appel de Dieu.

L'APPEL DE LA VIE

Au moment où l'on entend intuitivement l'appel de la vie, la réponse immédiate ne peut être que oui ; cet engagement pris envers Dieu, envers l'Un, est obligation. Pour remplir cette obligation, il faut s'engager envers la créature ; de là naît la relation consciente. C'est le miracle de l'autre.

Au commencement du monde est la relation. L'Un est devenu l'autre par jeu, pour se reconnaître. Ainsi, ce qui fait la nature même de la vie dans le monde, c'est la relation. On ne peut donc imaginer qu'un enseignement se réclamant de la voie du monde ne prenne pas en considération l'essence même de ce qui constitue la vie dans le monde : la relation. Le propre d'un enseignement s'adressant à des êtres vivant dans le monde est avant tout de leur faire voir jusqu'où ils sont véritablement en relation avec les êtres de leur entourage. Le chemin spirituel est trop souvent l'occasion d'accentuer le mécanisme déjà existant de la « relation évitée ». Lorsqu'on s'adresse à des gens qui vivent dans le monde, il faut mettre l'accent sur la relation comme le moyen le plus logique de reconnaître ce mécanisme. La relation entre les êtres devient alors le chemin. Pour pratiquer et pour avancer sur un chemin de renonciation, de solitude, de silence, on a assurément besoin de certaines heures le matin, le soir, ou éventuellement même d'un monastère ; mais quand la relation est la pratique, le rappel et la voie, on n'a aucune difficulté à trouver la matière nécessaire pour avancer, et cela où que l'on se trouve. Il n'y a plus de circonstances favorables ou défavorables ; il n'y a que des occasions de travail. La relation consciente, c'est l'obligation de vivre consciemment ses relations.

Toutefois, cette pratique nécessite des prises de conscience préalables. La relation au maître, à l'enseignement, précède la relation à l'autre. Ainsi pourra-t-on ressentir le devoir de participer au grand processus de la vie. Ce moment de reconnaissance et la façon dont nous le convertissons dans notre vie sont l'« obligation de conscience » : cela devient le maître et l'enseignement même. À partir de ce moment, être disciple ne consiste plus à être disciple de tel maître ou de tel enseignement, mais à être disciple de cette obligation. Quand une personne sollicite un instructeur pour grandir dans cette conscience, la relation même qu'elle va vivre avec lui la renverra à la façon dont elle vit ses relations. On se rend compte alors que vivre dans une revendication constante du bonheur revient à être constamment victime de ses attentes ; sur quoi la relation consciente oblige à devenir disciple de ce dont on était victime. Être disciple, c'est donc être disciple de toutes les situations. Mais au préalable, l'enseignement nous oblige à être victime consciente, pour ensuite devenir disciple véritable de la vie. La relation que nous entretenons avec l'instructeur s'étendra ainsi à tout ce qui constitue notre quotidien ; nous serons enfin à même de reconnaître, hors de tout jugement, que pour des raisons d'intérêt personnel nous vivions en permanence dans la relation évitée, et de reconnaître aussi que nous n'utilisions des êtres, des objets, des événements avec lesquels nous étions en relation que la partie qui pouvait satisfaire notre intérêt personnel.

SACRIFIER LE BONHEUR

*C'est ce qui engendre également, chez un certain nombre, l'in-
fantilisation de la relation maître-disciple.*

Exactement. Mais le véritable instructeur ne vous lais-
sera pas entretenir longtemps cette sorte de relation. Tout
simplement parce que dans la vraie relation maître-disciple, l'un des deux n'est pas l'autre. Pour le maître, vous
n'êtes pas « un autre », vous êtes lui. En revanche, il vous
obligera à prendre constamment le risque de l'autre. Pour
moi, c'est l'axe de la relation consciente : la seule réponse
digne au sacrifice de l'Un, c'est de prendre le risque de
l'autre. Traditionnellement, cela se traduit par l'hospitalité,
l'accueil de l'inconnu, de l'étranger, de l'autre, parce que
l'autre est cet Un qu'il va falloir reconnaître et dévoiler.
Cette reconnaissance se fait par étapes successives. Dans un
premier temps, nous reconnaissons que dans nos relations
quotidiennes nous n'autorisons jamais complètement la
relation, comme si un parcours fléché n'autorisait l'autre
que dans certains secteurs de notre vie. Il faudra prendre
le risque de l'autoriser au-delà de cette limite.
   Il faut ensuite reconnaître qu'on a généré soi-même l'environnement dont on a besoin pour dévoiler les mécanismes de cet état de victime : on écoute ce qu'on essaye de
se dire à travers les relations qu'on se crée. Aujourd'hui,
dans des spiritualités de type « nouvel âge », on entend
beaucoup parler de relation comme d'une forme de
communication spirituelle améliorée. À la base, c'est
encore trop souvent dans le souci de la relation réussie. La
relation consciente n'est pas du tout destinée à « faire de
la relation réussie » ou à adoucir la relation entre les êtres.
La relation consciente ne refuse pas le conflit, elle l'utilise

et le transforme. Elle sert à passer de la relation évitée à la
relation éveillée, à la relation vivante. Elle ne recèle pas de
notion de réussite, dans la mesure où elle ne poursuit pas
le bonheur. Seul l'éveil — complètement dégagé de toute
notion de bonheur — peut conférer à un enseignement de
la relation une telle dynamique. Un éveillé ne vend pas des
recettes de bonheur par le biais de la communication ou
de je ne sais quelle technique moderne. Dans l'hindouisme
— mais aussi dans le soufisme, ou le judaïsme —, on parle
de satsang : c'est cela, la relation consciente, la fréquentation, je dirais même la friction avec la réalité à travers
l'autre. Au départ, elle a lieu avec le sage, et par la suite
avec tous les êtres fréquentés consciemment. Elle consiste
à faire de chaque relation l'occasion de nous renvoyer
d'abord à nos mécanismes égoïstes, puis d'assumer notre
responsabilité. On peut alors entrer dans un autre processus avec les gens, que j'appelle la « souffrance intentionnelle » en reprenant l'expression de Gurdjieff, et qui est lié à
la notion de sacrifice. Quand j'ai sacrifié le bonheur, je
peux entrer dans un type de relation avec les êtres où l'intérêt n'est pas mon bonheur, et pas davantage le bonheur de
l'autre, mais ce qui entre nous grandit et nous grandit. Là
commence la partie importante de la relation consciente
où la dynamique de la relation elle-même fait apparaître
ce qui nous dépasse, cherchant à travers nous tous à se
reconnaître et à grandir. Tant que je pense à mon bonheur,
ou au bonheur de l'autre — par altruisme, en fait, j'entretiens l'égoïsme de l'autre —, c'est ou moi ou l'autre qui
compte. Dès lors que je ne cherche plus, par le biais d'une
relation, à provoquer du bonheur pour moi ou pour l'autre, mais à faire grandir le réel, toute situation de souffrance se trouve immédiatement convertie en occasion de
conscience, occasion de travail, occasion de grandir.

Comprenez bien, le réel n'a pas besoin de grandir, sa nature même est « le grandir ». Quiconque s'éveille à cette conscience la reconnaît non seulement comme sienne, mais comme celle qui anime tout ce qui se meut ; il est immédiatement porté par le dynamisme même de cette conscience, qui est de faire grandir. Une fois qu'on s'est reconnu comme étant le lieu de cette conscience, participer à son processus dynamique de croissance est spontané, immédiat. Il ne peut en être autrement. On ne peut qu'obéir et se mettre au service de cette conscience. Pour moi, le sens d'une pratique, c'est se rendre de plus en plus conducteur de ce dynamisme du grandir qui n'est autre que l'amour en action.

Vous nous avez dit que votre témoignage repose sur l'expérience de l'éveil. Faites-vous partie de ceux qu'on pourrait appeler les « éveillés sauvages » qui un beau jour se retrouvent « éveillés » sans s'être vraiment attendus à avoir une telle expérience ?

Pour reprendre votre expression, tout éveillé est un « éveillé sauvage », car cela arrive au moment où l'on s'y attend le moins, et à ce moment-là seulement on se rend compte qu'on n'aurait de toute façon jamais mérité cela. Qu'on soit dans une voie traditionnelle ou dans une voie sauvage, on ne peut en aucun cas mériter l'éveil. Pas plus qu'on est non éveillé « à cause de » on n'est éveillé « grâce à ». La liberté supprime de notre vocabulaire les expressions « à cause de » et « grâce à ». Pour l'homme ordinaire, quand ça ne va pas, c'est toujours à cause de l'autre, et s'il s'éveille, ce sera grâce à Dieu. Ce qui est au cœur même de chaque chose, qui est la nature même de tout ce qui est, ne peut être le résultat d'une partie seulement d'entre elles. Si l'éveil était le fruit mérité d'un travail, cela reviendrait à dire que le tout est le résultat d'une partie, ce qui est impensable. Lorsque la partie est illuminée, elle se vit immédiatement comme le lieu où le tout se reconnaît. C'est hors de toute notion de récompense. Il se trouve que je n'ai rien fait pour être éveillé. Si on doit véritablement calculer en termes de temps passé à s'éveiller pour accéder à l'étape digne et méritante, alors, en vérité, je n'ai rien fait qui en soit digne. Trop d'élèves bien intentionnés font de la recherche forcenée de l'éveil le prétexte qui dispense de la relation à l'autre, puisque l'autre est une illusion et que seul l'Un est. Mais cet Un n'est-il pas « deux moins un », plutôt que « non-deux » ? Et s'il y a beaucoup de candidats à l'éveil sans l'autre, il reste en revanche très peu de disciples du grandir par l'autre. Cela mérite réflexion, n'est-ce pas ?

Entrer consciemment dans le grandir du monde ne relève pas de la même démarche que stimuler le processus de croissance du grandir du monde — faire tourner la roue de la loi — qui est du ressort des seuls éveillés, même si tout être qui grandit consciemment participe à ce mouvement. « Être éveillé », ce n'est pas seulement être le Oui vivant, s'éveiller à cette vérité fondamentale qu'on est le Oui du monde. C'est aussi avoir, au cœur de ce Oui, une obligation exemplaire, bien qu'inimitable, dans sa relation avec les êtres. L'éveil n'est en aucun cas destiné à amener un état de liberté qui dispenserait le maître d'une éthique et d'une morale dans ses rapports avec les êtres. La devise « sans l'autre plus d'éthique » n'est pas de mise.

En fait, l'éveillé lui-même, au fur et à mesure de son éveil, s'il assume son destin d'éveillé, voit grandir en lui l'éthique de la liberté. Pour la raison que ce qui au départ semble une morale de la peur doit être vécu dans un che-

min spirituel comme une éthique de la liberté, et comme
la seule façon de générer les structures conductrices par
lesquelles l'intuition peut s'incarner dans la raison et
l'action.

Dans la Bhagavad-Gîtâ, *Arjuna demande à Krishna : « Par
quel signe peut-on reconnaître l'éveillé ? » Je vous pose à mon
tour cette question parce que les chercheurs sont aujourd'hui
confrontés à des instructeurs divers, sans trop savoir où ils
mettent les pieds.*

Le premier signe auquel on reconnaît qu'un instructeur
est éveillé, c'est qu'il nous fait naître disciple. Cette naissance est en fait une reconnaissance au cours de laquelle
ce qui dans l'élève est identique à l'instructeur se reconnaît
de façon intuitive et absolue ; et ce qui caractérise cette
reconnaissance, c'est la liberté immédiate qui en découle
vis-à-vis de l'instructeur, puisqu'au moment où le disciple
reconnaît l'éveillé, c'est ce qu'il y a d'identique en eux qui
se reconnaît. En réalité, c'est Dieu lui-même, le réel lui-
même, qui se reconnaît. Ainsi la naissance du disciple est-
elle dès le début marquée du sceau de l'indépendance et
de la liberté. Alors, la liberté n'est plus au bout du chemin,
elle devient la nature même du chemin. On ne reconnaît
donc pas l'éveillé à des qualités qui lui appartiendraient
— vous n'aurez pas aujourd'hui le « profil standard » de
l'éveillé ! Comme cette naissance du disciple se double en
outre du sentiment d'urgence d'« agir en disciple », plutôt
que de se demander comment reconnaître un vrai guru
d'un faux, on devrait se poser la question : à quoi reconnaît-on le vrai disciple ? Ou encore, plus précisément : à
quoi se reconnaît-on vrai disciple ? Ce n'est plus d'un autre
qu'il est question ici, mais de soi. Et cela, on le reconnaît

à la qualité de responsabilité et de sérieux qui assume ce qu'on ressent. On a finalement le maître qu'on mérite.

UNE RELATION RESPONSABLE

Il me semble qu'aujourd'hui, la relation parents-enfants s'affaiblissant et devenant de plus en plus tourmentée, les chercheurs tendent à chercher en leur maître spirituel un père ou une mère de substitution. Pouvez-vous indiquer comment se préparer intérieurement à aller au-devant d'un enseignant et à établir une relation avec lui ?

La relation qui se développe avec un instructeur se doit entre toutes d'être une relation responsable. Il est tout à fait normal, dans la relation parentale, que le père et la mère soient responsables de l'enfant, cela relève de l'éducation. Dans la démarche spirituelle, il s'agit d'enseignement, et dans ce contexte, le maître n'est pas seul responsable, le disciple doit l'être aussi — première condition d'une relation adulte. Pour établir cette relation, l'instructeur nous montre combien notre motivation est constituée de revendications : nous venons en fait réclamer notre dû de bonheur. Mais un instructeur n'est pas là pour ça ; il est là pour nous guider vers l'étape suivante de croissance par laquelle nous nous éveillons au devoir d'être humain à part entière. Il invite celui qui l'approche à voir s'il est venu au bon endroit ou pas, pour la bonne raison ou pas. Cela étant mis au clair, celui qui choisit de rester sait qu'il ne pourra jouer selon les règles appartenant à l'étape antérieure liée à la vie avec les parents et les éducateurs. À ce stade, par sa présence et sa pédagogie, l'instructeur amène l'élève à ressentir profondément où se situe sa responsabilité en tant que disciple. Ce qui fait la qualité de son témoignage, c'est qu'il ne se pose pas comme un gendarme de la réalité qui nous rendrait coupables de n'être pas de vrais chercheurs de la réalité. Il est un être de compassion qui nous éveille avant tout à être responsables de nous au présent — et de notre futur —, de l'autre, et finalement de la vie tout entière.

Ce processus est fort lent. À notre époque de services rapides, beaucoup s'imaginent que quelques week-ends auprès d'un instructeur suffiront à leur procurer l'éveil. Eh bien la voie traditionnelle, ce n'est pas ça. Si l'on prend le temps de côtoyer l'instructeur, de le fréquenter, il nous obligera progressivement à prendre conscience de ce qu'est la nature exacte d'une vie spirituelle, à faire la part des choses entre ce qui relève de la revendication sentimentale et ce qui relève de la consécration spirituelle, entre ce qui relève du rêve et de l'oubli et ce qui relève de la vigilance et du souvenir de la réalité. Arrive enfin le jour où le disciple naît véritablement : confronté à son obligation, il ressent profondément la juste mesure de sa responsabilité, de son engagement de disciple, mais aussi sa dette face à la vie et ce qu'il doit au monde. Il devient un être de devoir ; il quitte le monde du réagir et entre dans le grandir du monde ; de victime, il devient disciple. S'ensuit la relation réelle au maître — non plus relation avec un homme mais relation avec tout ce qui est — au sein de laquelle chaque situation est convertie en une opportunité de travail conscient et, par conséquent, de vraie croissance. Dans le soufisme, le disciple est appelé *mourid*, le « déterminé », car la responsabilité de cette décision appartient à lui seul. C'est cette qualité de détermination qui évite par la suite de continuer à projeter des mécanismes psychologiques et affectifs dans la relation à l'instructeur.

Le climat d'un grandir spirituel doit être fait de simplicité, de rigueur et d'humour. Un instructeur est un être profondément simple et naturellement humble. Les gens qui viennent vers lui doivent pouvoir vivre une relation en toute simplicité, en toute amitié. Chez les soufis, on parle de cette relation — *sohba* — comme d'un compagnonnage, d'une amitié. Derrière cela se tient un engagement réciproque magnifique. Les gens du secret que sont les disciples du souvenir sont aussi les serviteurs de l'Intention, du Pacte d'origine. Dans la Bible, la Terre promise n'est pas quelque chose que Dieu doit à l'homme, mais la Terre de la Promesse, la Terre du Pacte et de l'Alliance, du travail et de l'obligation par laquelle l'homme fait de la terre la promesse de Dieu, la terre du ciel. Dieu a besoin de l'homme pour faire de la terre la terre du ciel. Et lorsque à nouveau l'homme naît de la terre et du ciel, il sait, par l'univers tout entier, qu'il n'est pas orphelin.

Chapitre 7

Information et conscience

Nous vivons un temps où l'omniprésence des médias, mais aussi l'emprise des jeux électroniques et virtuels et des moyens de communication semblent créer une sorte de déphasage entre la philosophie vécue et la réalité cathodique et informatique. N'y a-t-il pas là un danger ?

Aujourd'hui, les médias nous submergent en effet d'informations, mais sommes-nous pour autant plus conscients de la réalité ? Je dirais que la seule manière d'être conscient d'un événement, c'est de le vivre en le ressentant profondément dans son corps. Et pour nous aider à être conscients, la vie, par ses épreuves, se montre souvent généreuse. Bien sûr, nous voyons rarement cela comme une forme particulière de générosité, croyant à tort être les victimes des situations désagréables que nous impose la vie. Or celle-ci ne fait que répondre à notre demande inconsciente. Si nous ne l'éclairons pas, tôt ou tard l'existence nous placera dans des situations qui nous obligeront à apprendre et à évoluer. Il ne s'agit en aucune façon d'acquérir un nouveau savoir pour tenter d'apaiser l'esprit, mais de vivre en relation sensible avec notre corps afin de favoriser l'intégration nécessaire à l'ouverture de notre conscience. Dès lors, il n'appartient qu'à nous d'être soit les victimes soit les disciples des événements douloureux que nous avons coutume d'appeler destin ou sort. Nous ne pourrons donner un sens aux événements dont nous nous sentons les victimes que si nous consentons à en devenir les disciples. Et cela ne peut se réaliser que par l'intermédiaire de notre corps.

VICTIMES OU DISCIPLES ?

On parle beaucoup de pollution physique, mais on oublie de mentionner l'intense pollution psychique qui découle de nos modes de vie et des messages que nous recevons continuellement : le prophète des médias, Marshall McLuhan, ne disait-il pas que « le message est un massage » ! Comment guérir de cette pollution de la conscience créatrice de maladies insoupçonnées ?

Dans les milieux spirituels, la guérison spirituelle apparaît bien souvent comme le résultat des pouvoirs magiques du guérisseur. Mais seules les personnes qui vivent la maladie en tant que victimes peuvent avoir le désir de se soigner de cette manière. Celui qui posséderait le pouvoir d'éliminer notre maladie serait un menteur et un charlatan s'il ne tenait compte de l'état intérieur originaire de la maladie. L'archétype du grand guérisseur, c'est le Christ, qui avant chaque guérison prononçait cette phrase fondamentale : « Tes péchés te sont remis. » Cela signifie que seul peut nous guérir celui qui nous élève au niveau de conscience que nous aurions atteint si nous avions compris le sens de notre maladie. Il importe donc de découvrir si nous sommes les victimes ou les disciples de notre sort. En réalité, la maladie nous offre l'opportunité de vivre l'expansion de la conscience à travers notre corps. Nous ne pouvons grandir consciemment que grâce à lui. Notre grande erreur est de croire que seule l'information intellectuelle suffit à nous faire évoluer. Être guéri d'un mal sans avoir grandi dans la conscience, c'est obliger la vie à nous le présenter à nouveau, tôt ou tard. Dans le cas contraire, on ne pourrait pas vraiment parler de sa générosité. L'existence n'oublie jamais, elle tient minutieusement ses comptes !

LE CORPS NE MENT PAS

Comment pouvons-nous donner du sens à notre vie en utilisant notre corps ?

D'abord par le toucher. Si nous exerçons ce sens, il peut nous apprendre beaucoup, car le corps ne ment pas. Si lorsque nous nous trouvons dans la détresse quelqu'un nous touche, nous nous sentons aussitôt soulagés. De même, ce que nous avons compris de la vie sera ressenti par l'autre si nous l'exprimons dans notre corps. Aujourd'hui, nous touchons la vie du bout des doigts, pour ne pas dire du bout du cerveau. Les voies spirituelles traditionnelles, de même que le gentil bazar new-age, nous proposent de multiples techniques. Plus elles sont complexes, ésotériques, voire occultes, plus nous avons l'illusion d'être savants. C'est oublier qu'il existe des pratiques beaucoup plus simples, comme marcher, respirer une fleur, toucher un arbre ou découvrir l'intimité des rythmes d'un corps. Vivre cela, c'est sentir l'immense et magnifique cadeau que la vie nous offre à chaque instant et que le corps ressent le premier ; plus tard viendra le tour du cœur, puis celui de l'esprit. Si le corps n'y a pas encore été sensible, c'est que la peur l'anime, qu'elle conditionne et dirige notre vie.

C'est donc le corps qui dirige la vie ; dans l'histoire de l'espèce, en effet, l'expérience instinctive et corporelle précède celle des pensées et des émotions. Nos systèmes de pensée, même très élaborés et structurés, s'évanouissent dès que nous déprimons. Et ce qui est vrai des émotions l'est encore davantage de la force instinctive des pulsions fondamentales, capables de balayer en un instant toutes nos belles constructions mentales. Confrontés à la vérité d'un corps en détresse, nos belles pensées et nos beaux sentiments disparaissent, nous perdons tout repère !

Mais existe-t-il quelque chose avant le corps ? Un grand patriarche du zen posa ce kôan* à son disciple : « Quel était ton visage originel avant ta naissance ? » Pouvons-nous reconnaître en nous quelque chose qui transcende le corps, les émotions, les pensées, et en même temps les utilise pour appréhender le monde ? Ce miracle est celui dont témoignent ceux qu'il est convenu d'appeler des éveillés. Un jour, ils se sont éveillés à une réalité fondamentale en découvrant qu'ils n'étaient pas seuls, pas séparés comme des objets projetés dans un décor animé.

CONTACT OU COMMUNICATION

Il y a quelques années, pour une émission de télévision scientifique, les animateurs avaient informatisé toute une vallée de l'Ariège qui n'avait jamais reçu la télévision. On demanda au maire ses impressions et il répondit seulement : « Je me demande si on n'est pas en train de confondre contact et communication. » Cette phrase magnifique de simplicité et de vérité fait écho à celle de McLuhan :

« La communication, c'est ce qui rendra proche ce qui est lointain, mais lointain ce qui est proche. »

Il est vrai qu'à vouloir trop communiquer nous ne nous « contactons » plus. Nous communiquons grâce à des satellites, à des téléphones portables... mais comment ressentons-nous le contact du toucher ? Comment vivrions-nous si nous n'avions plus de vêtements, s'il n'y avait plus de sol ni de murs, si nous pouvions vivre notre corps comme s'il était d'argile et si le cordon ombilical qui nous relie à la terre était encore vivant ? Car la seule réalité de notre poids est de nous relier à la terre. C'est la force d'attraction terrestre.

Nous sommes habitués à vivre dans un certain décor, n'acceptant le plus souvent de cet environnement que ce qui nous intéresse, rejetant ce qui nous dérange. Tant que nous avons conscience de cette séparation, nous vivons dans la peur, dans l'ignorance d'une dimension fondamentale de la vie.

LES SERVITEURS DU SENS

Pouvons-nous vivre sans peur dans ce corps ? Sommes-nous capables de partager autrement que d'une manière intéressée, avec une conscience totalement reliée à la vie ?

Si nous sommes en quête du sens, celui-ci doit venir en nous de l'expérience immédiate de cette non-séparation. Nous devons être les serviteurs du sens et non les esclaves de l'information reçue. Et chacun d'entre nous doit s'ouvrir à ce qui incarne, pour lui, ce sens. Einstein disait qu'il n'y avait qu'une question à laquelle il aurait aimé pouvoir répondre : « Cet univers est-il bienveillant à notre égard ? »

C'est une question à laquelle tous les mystiques ont répondu. Non seulement cette Vie nous aime, mais elle est intelligente et a un dessein pour l'homme. Seul celui dont le corps participe de ce sens peut y être sensible.

S'il existe une vraie manière d'entrer en relation thérapeutique avec un être, c'est en étant serviteur de ce qui nous pousse les uns vers les autres, afin de nous reconnaître au cœur de cette relation. Le Christ, qui est le sens fait chair, disait : « Quand vous serez réunis à deux ou trois en mon nom, je serai au milieu de vous », sous-entendu, « au cœur de cette relation. » Nous sommes poussés par cette force de vie pour entrer en relation les uns avec les autres et nous reconnaître nous-mêmes. Le moment miraculeux de la relation, c'est quand la présence d'un grand troisième se manifeste, qui est plus que la somme des deux protagonistes en présence. On l'appelle l'Amour, le Saint-Esprit, Dieu. C'est cela le Sens, et nous sommes appelés à en devenir les serviteurs. À chaque instant la vie nous invite à prendre le risque de l'autre, à faire de l'autre une aventure.

Il s'agit donc de s'ouvrir aussi bien à l'inconnu de la relation qu'à l'expérience qu'elle fait vivre en soi : une sorte de double écoute, de soi et de l'autre ?

Pratiquer l'enseignement judéo-chrétien d'origine, celui de l'hospitalité d'Abraham, *hessed*, c'est accueillir l'étranger, l'inconnu, en lui donnant à manger. C'est l'accueillir jusque dans son corps. Mais comment accueillir le corps dans la maladie, dans la vieillesse et dans la mort ? Cette possibilité d'accueil des morts différencie l'homme des autres espèces et fait sa grandeur. Les rites funéraires ne sont pas tant destinés à assurer une relation avec la survivance de celui qui vient de mourir qu'à honorer le corpscadavre et maintenir avec lui une relation d'amour, non d'attachement. Mais nombreux sont ceux — surtout dans les voies spirituelles — qui pensent que le cadavre n'est qu'une enveloppe et qu'après il n'y a plus rien.

Lorsque nous avons ressenti que nous sommes liés à tout ce qui est, lorsque nous sommes portés par cette intelligence, cet amour, un vécu corporel radicalement différent grandit en nous, et peu à peu notre comportement cesse d'être déterminé par la gratification personnelle des pulsions de survie. Nous habitons de plus en plus un corps de gratuité, qui peut devenir un corps de gloire.

Dans le jardin de Gethsémani, le Christ confronté à la mort prie, entouré de quelques apôtres endormis. De temps en temps il les secoue et leur dit : « Veillez et priez car l'esprit est prompt mais la chair est faible. » Le témoignage fantastique du Christ, c'est d'avoir mis du sens dans le corps, au point que la communion consiste à manger ce corps de Vérité. Ce témoignage nous convie au banquet du corps glorieux, à la grande consommation du corps de lumière. La vie nous y oblige. L'esprit est prompt, la chair est lente. Acceptons l'horloge de la chair.

Être informé ne signifie pas être conscient. L'information peut rendre performant dans de multiples domaines, mais seule la conscience transforme le comportement. Nous devons adopter le rythme de notre corps si nous voulons transformer notre comportement. Avec le progrès des moyens de transport et de communication, nous nous sommes lancés à corps perdu dans une course effrénée contre la montre pour gagner du temps. Nous en avons perdu le sens du temps ainsi que celui de l'espace, oublié la relation naturelle que génère l'espace dans le corps comme rythme temporel.

La sculpture de Rodin, *Le Penseur*, célèbre l'homme en tant qu'« être pensant », mais celui-ci est d'abord un « être marchant ». Lorsque le jeune enfant se met debout et fait son premier pas, c'est toute l'histoire de la conscience qui s'incarne dans les rythmes simples et naturels du corps. En marchant, il nous appartient de retrouver le rythme d'intégration du corps afin que l'esprit reçoive le sens.

À vous entendre, cela semble évident, mais au niveau de la société, un véritable apprentissage serait nécessaire. Ne faudrait-il pas redécouvrir les vertus antiques de l'initiation contrôlée ?

Si tant de structures de formation sont aujourd'hui nécessaires, c'est parce qu'il n'y a plus de rituels de passage. Nous improvisons sur le tas, comme nous le faisons d'ailleurs dans le mariage dont nous avons oublié la signification originelle. Nous nous marions parce que nous croyons nous aimer, oubliant que nous nous marions pour apprendre à nous aimer.

Au moment de cette transformation chimique extraordinaire qu'est la puberté, nous aurions besoin d'une quête, de la révélation de notre mission et de notre destin. Mais il n'y a personne pour nous rappeler le but de notre naissance et nous dire que la vie demande de franchir des étapes, afin qu'au seuil de notre mort nous puissions honorer notre naissance et n'avoir pas vécu en vain. Dans les *Dialogues*[1], l'ange dit : « Ce n'est pas la mort qui est mauvaise, c'est la tâche non accomplie. »

---

1. *Dialogues avec l'ange, les quatre messagers*, Aubier Montaigne, 1976.

Combien d'entre nous se sont-ils éveillés à leur destin en passant de victimes de leur sort à l'état de disciples de leur destin ? Combien sont-ils devenus les serviteurs d'un destin qui les dépasse car il concerne l'humanité entière ? C'est le sens de toute l'humanité que nous avons à transmettre à nos enfants. Nous pouvons leur dire que ce ne sont pas eux que nous sommes en train d'élever mais nos petits-enfants... Car nous sommes serviteurs du destin si nous servons une histoire qui dépasse notre naissance et notre mort, si nous pouvons vivre gratuitement une aventure parsemée de nombreuses épreuves mais destinée à faire grandir Dieu à travers l'histoire.

Être serviteur du destin, c'est d'abord redécouvrir par le corps cette relation simple et naturelle de la marche... la marche du monde. Avec le temps, tout enseignement devient simple. Il ne s'agit pas d'offrir de grandes techniques, mais de transmettre ce qui est profondément ressenti, c'est-à-dire des choses très simples qui donnent un sens à chaque acte quotidien et permettent aussi de reconnaître les étapes dont on n'a pas toujours eu les clés, pour y grandir correctement. Nous devons trouver les clés de ces grands passages afin qu'au terme de notre vie, arrivés au seuil de la dernière porte, nous puissions répondre à cette question : comment as-tu aimé ?

Être serviteur du destin avec un corps de gratuité dans une relation non intéressée à l'autre nous conduit en fin de journée à un dépouillement total. Toutes les turbulences intérieures sont des résidus mentaux du passé. Accomplir sa vie ne signifie pas réaliser des choses exceptionnelles, c'est faire en sorte que chaque jour ne laisse aucune trace, vivre les relations dans la plénitude, de façon à ce que rien ne reste inachevé. Avant d'être crucifié, le Christ dit :

« Tout est accompli. » Il a vécu des relations pleines, totalement achevées.

PRENDRE LE RISQUE DE L'AUTRE

Saint-Exupéry disait — je cite de mémoire : « Transformer en conscience l'expérience la plus vaste possible. » Est-ce cela ?

Sachons prendre le risque de la vie, celui de l'autre, et sachons l'accueillir jusque dans son corps. Cela nous oblige alors à un toucher de vérité où rien ne reste inachevé. D'étape en étape, chaque phase de notre destin s'accomplira et, au soir de notre vie, nous saurons que notre mort a honoré notre naissance. Car le destin ne peut mourir. Notre histoire peut s'arrêter, mais l'histoire ne s'arrête pas. Dans un de ses livres, Jean Giono pose cette question : « Qu'as-tu ajouté au monde ? » À notre naissance, un tout petit panneau indicateur porte cette inscription : « Tu es prié de quitter cet endroit en le laissant plus beau que tu ne l'as trouvé en arrivant. » Celui qui œuvre dans ce sens ne meurt pas et la tâche qu'il a accomplie perdure à jamais, quel que soit le domaine où elle s'est exercée.

Si vous avez la vocation de la relation d'aide — laquelle consiste non pas à consoler une victime mais à faire d'un disciple de son sort un serviteur du destin —, prenez le temps de faire grandir le disciple dans votre propre corps. Soyez le serviteur de ce destin afin de pouvoir communier avec ceux que vous soignez. Je sais au plus profond de moi que la maladie n'est pas une histoire personnelle. Nous vivons aujourd'hui une étape de planétarisation de la conscience. Tous les moyens de communication n'ont pas été inventés par hasard : ils signifient que l'humanité entière veut se relier, que les êtres humains veulent reconnaître leur appartenance à l'espèce.

Dans la première prière révélée par Moïse : « Écoute, Israël, écoute humanité... », c'est au peuple entier qu'il est demandé d'écouter. L'histoire de l'espèce est en nous. Dès lors, pouvons-nous faire abstraction de notre histoire personnelle au profit de l'histoire de l'espèce ? Sommes-nous capables de percevoir une maladie non comme un événement qui touche quelqu'un mais l'humanité entière ? J'ai pu observer dans les milieux spirituels que la maladie est souvent interprétée comme l'expression d'un désordre, d'une faute ou d'une transgression. Loin de cette vision culpabilisante et négative, nous pouvons voir la maladie comme la quête d'un passage vers l'ordre. Ce n'est que dans la mesure où je suis victime de la maladie que je peux l'interpréter comme un coup du sort pour me punir. Mais si je la vois comme l'expression de la vie qui me pousse à apprendre pour grandir, elle devient pour moi et, à travers moi, pour l'espèce entière un moyen d'accéder à un autre niveau d'organisation, à un ordre et à une conscience plus vastes. J'ai la conviction que dans l'avenir nous allons vivre plus consciemment, plus intensément, des processus qui se situent non plus au niveau de l'individu mais à celui de l'espèce. Car il est possible de dépersonnaliser le processus de la maladie et de ressentir que nous participons à un développement qui concerne toute l'espèce. Serions-nous alors si indispensables, nous qui croyons être uniques et irremplaçables ? Nous avons une vision de l'économie du vivant qui n'a rien à voir avec l'abondance et le gaspillage de la Réalité divine.

LE VÉRITABLE DEUIL

La nature gaspille en effet incroyablement pour arriver à ses fins : des milliers de spermatozoïdes pour qu'un seul passe dans l'ovule, des nuages de pollen pour la fécondation végétale, des myriades de cellules qui naissent et meurent sans cesse... Que dire de cette non-économie du vivant ?

Lorsque vous regardez autour de vous, vous acceptez que des centaines de glands pourrissent en terre sans devenir des chênes. Mais combien parmi nous sont-ils prêts à accepter cette idée pour l'homme ? La leçon que donne la terre est celle de l'humus, de l'humilité. Les plus grands serviteurs du destin, les plus grands soignants sont aussi les plus humbles. Celui qui ne cultive plus l'importance de lui-même, celui qui est devenu serviteur de cette conscience, de ce destin, participe en permanence du sacrifice de sa personne, quel qu'en soit le niveau — qu'il s'agisse de pourrir dans la terre, de nourrir le sanglier ou de devenir un chêne qui à son tour donnera des glands. À plus ou moins long terme, nous sommes toujours appelés au sacrifice. Même le chêne centenaire mourra !

Pour témoigner au-delà de la mort, le Christ est entré délibérément et consciemment dans le miracle du sacrifice ultime. Mais pour pouvoir sacrifier son corps il faut d'abord être vivant. Avant, c'est du suicide, et cela n'a aucun sens. Le chemin que nous ont montré tous les sages, c'est d'abord le chemin de la vie. C'est être vivant non seulement dans sa tête, dans son cœur, mais aussi dans son corps. Ensuite, seulement, on peut participer au grand sacrifice de la vie en tant que serviteur.

Devenez les tombes de mes phrases, de mes mots. Laissez-les mourir en vous afin qu'ils renaissent à travers un processus de deuil et se transforment en action de vie. Ne vous laissez pas encombrer par mes mots, laissez-les mourir comme on laisse mourir les siens afin qu'ils ressuscitent. Le véritable deuil n'est pas le temps que l'on met à oublier. C'est le temps sacré et précieux consacré à ressusciter en nous ceux qui sont partis afin qu'ils continuent d'exister à travers nous dans un souvenir qui devient une action vivante. De la même manière, ces mots écrits n'auront de sens que s'ils deviennent en chacun de vous des actions vivantes. Laissez-les mourir en vous afin qu'ils ressuscitent en tant qu'actions authentiques, véritables et généreuses qui seront les vôtres, celles de la vie.

Chapitre 8

Peur de l'homme, crainte de Dieu

Le pape Jean-Paul II a clamé : « N'ayez pas peur ! » et don Juan, le chaman mexicain décrit par Carlos Castaneda, disait avec raison que la peur est le premier ennemi de l'homme de connaissance. Elle inhibe en effet beaucoup la lucidité de nos comportements. Comment apprendre à la dépasser pour grandir intérieurement ?

Sans la peur on ne ferait rien, aussi est-elle un grand cadeau. Nous pouvons fuir devant elle, mais l'expérience de l'Un, du Réel, n'est pas deux moins un : c'est quand « deux » deviennent « un ». Prendre la fuite, se retrouver seul dans ce « deux moins un » n'est pas très fécond et cette expérience n'ajoute rien au monde. Dans la vie, le grand défi c'est l'autre. La peur face à l'autre nous oblige à être nous-mêmes, sans possibilité de dérobade. Ceux qui témoignent de cet état de non-peur ne parlent jamais de se cacher, mais au contraire de la nécessité de voir et d'accepter la réalité telle qu'elle est.

Comment entrer en relation avec l'autre sans passer par des stratégies matérielles ou spirituelles, mises en place pour masquer ou fuir ce qui active la peur ? Tant de démarches spirituelles sont en réalité des compensations, des évitements. Il y a pourtant une autre façon de vivre la peur, de vivre l'autre, de vivre la relation avec ce qui est, avec ce qui nous gêne et nous contrarie, avec ce qu'on voudrait bien voir disparaître au nom d'un idéal spirituel. Mais c'est un leurre, car le voisin le plus désagréable ne disparaît jamais. Et puis, l'homme a inventé un objet que Dieu lui-même n'a pas été capable de créer : la poubelle. Cette invention extraordinaire permet de jeter, d'exclure tous les rebuts qui nous gênent et nous font peur. En Inde, le roi Akbar avait un conseiller spirituel réputé pour sa rapidité d'esprit. Le souverain lui demanda un jour : « Qui est le plus puissant, Dieu ou moi ? » Le conseiller le regarda et s'exclama : « De toute évidence, c'est vous Majesté. — Mais de quelle façon ? interrogea le roi. — C'est simple ! Dans votre royaume, lorsque quelqu'un fait une bêtise, vous pouvez le jeter dehors. Dans celui de Dieu, c'est impossible. » Pour lui, il n'y a pas d'exclus, rien ne se perd, tout se transforme. Si le Seigneur n'a pas inventé la poubelle pour évacuer ce qui le dérange, c'est qu'il y a une issue, une transformation possible. Elle reflète son immense miséricorde. Si nous pouvions la ressentir, cela nous donnerait une réelle confiance en la vie. Mais, toujours habités par la peur et hantés par le doute, nous n'avons confiance en rien ni personne. Un jour, vous pourrez sentir que cette vie a confiance en vous et vous passerez alors du sentiment de manquer de quelque chose à celui de manquer *à* quelque chose. Cette différence est radicale.

LE RISQUE D'UNE RELATION TOTALE

En général, nous avons peur de manquer de quelque chose, tant sur les plans physique et émotionnel que mental. Nous anticipons le manque, vivant en permanence dans la peur de perdre. C'est la peur d'être exclus et, d'une certaine manière, la crainte de mourir, ou bien celle de perdre la raison, de ne plus comprendre, ne plus pouvoir cerner ou donner un sens raisonnable à la représentation que nous avons de nous-mêmes. Depuis l'enfance, nous revendiquons le besoin d'être aimés, oubliant, très souvent, que nous ne sommes pas aimés tels que nous sommes, mais tels que l'autre désire que nous soyons. Dans ce cas, il n'y a rien de pire que d'être l'objet aimé, rien de pire que d'être enfermé dans l'aimé. Cependant, nous passons notre temps à revendiquer l'amour de l'autre ; derrière cette nécessité se cache le profond besoin d'appartenance. Chaque fois que nous voulons être aimés par une structure (famille, patrie...), nous n'avons pas conscience que ce besoin nous emprisonne encore dans un système. En allant de revendication d'amour en revendication d'amour, nous anticipons la peur de l'exclusion, celle de ne pas être aimés. De la même manière, nous avons créé une image idéale de nous-mêmes, une belle représentation élaborée au prix de nombreuses difficultés. Dès qu'elle est remise en question, la peur réapparaît. Nous ne pouvons pas refuser la peur. Toutes les expériences que nous vivons nous obligent à reconnaître et à comprendre nos réactions, à faire face à nous-mêmes. Qui veut faire l'ange fait la bête !

Celui qui pénètre l'univers obscur de ses réactions, celui qui vit cette exploration de lui-même ne peut se contenter de le faire seul. Car la plupart d'entre nous ne sont ni des solitaires ni des contemplatifs. Il y a en nous quelque chose d'excessivement puissant qui nous pousse à entrer en relation avec tout ce qui vit ; en même temps, nous nous retrouvons dans des situations où nous évitons la relation. Nous avons tous éprouvé cela et nous devons honorer ce mouvement originel qui nous pousse à la relation autrement qu'en négociant avec la peur et les préjugés qu'elle suscite. Prenons le risque d'une relation totale, absolue, avec ce qui est. Pour certains, la vie est un chemin de contemplation, alors que pour la plupart des hommes, c'est un chemin de relation. Si nous voyons clairement l'origine de nos multiples réactions fondées sur la peur, nous sentons quelque chose de radicalement nouveau œuvrer en nous. Un vécu différent se révèle, une ouverture se fait.

LE REFUS DE LA PEUR

L'un des principaux moteurs du refus de la peur, c'est le sentiment que la vie nous doit autre chose. Lorsque nous l'avons expérimenté, ce n'est plus un dû que nous ressentons mais une dette. Au lieu de nous plaindre, de réagir face à la vie, nous avons le sentiment que nous lui devons quelque chose, nous éprouvons une profonde gratitude envers l'Un qui nous oblige à un regard et à une attitude radicalement différents envers celui que nous voyons comme l'autre.

Lors de cette conversion de vie, un élan de générosité accompagne le sentiment d'être. Nous nous sentons redevables envers la vie tout entière. C'est un sentiment très particulier ! Un sens profond de la responsabilité apparaît. La poubelle intérieure disparaît. Nous ne pouvons plus rien jeter et ressentons l'obligation de transformer tout ce que nous sommes, non pas seul mais en agissant avec tout ce qui vit. Lorsque cette conscience apparaît au cœur de l'être, une morale naturelle se révèle, très respectueuse de tout ce qui est vivant. Par elle, l'homme écoute, accueille, aime sans a priori... Ce qui dans la vie lui apparaissait comme le pire devient le plus passionnant. Cette relation qui était source de peur, d'hésitation, de doute, de colère devient un immense champ d'expérience où peu à peu se fait jour la réalité profonde de la relation. C'est le « grandir » de la Réalité même, qui n'est pas du tout lié aux apparents protagonistes de la relation. Lorsque nous faisons consciemment cette démarche du « grandir » dans la relation, une transformation s'opère en nous. Elle est liée à ce profond sentiment de devoir. Ce vécu ne relève plus de besoins (j'ai envie), de désirs (j'aimerais) ou de représentations mentales (je veux) ; il n'appartient plus à l'égoïsme. Toute considération de plaisir personnel perd tout intérêt. La seule chose qui apparaît dans la conscience, c'est la crainte révérencielle de Dieu, le souci de ne pas manquer à son devoir, d'être sans défauts.

LES TROIS POISONS

Au fur et à mesure que cet état grandit, une transformation progressive, très lente, s'opère en nous. Elle extirpe les trois poisons de la conscience en les transformant : au niveau du mental, le poison du doute se convertit en vision de sagesse ; dans le cœur, le poison de la colère se convertit en compassion ; enfin, dans le corps, le poison de la peur se convertit en joie. Mais avant de toucher cet ultime poison qui se trouve dans le corps, tout un travail de transformation doit être effectué au niveau du mental. Tout attachement à une quelconque représentation mentale de soi doit avoir disparu. Lorsque le doute est converti, ce qui s'impose n'est ni une conviction ni une certitude, mais l'évidence de la vision de sagesse. Si celle-ci est présente et indéfectible au niveau mental, nous devons approfondir notre recherche pour découvrir la racine de la colère. C'est seulement lorsqu'elle est reconnue et se purifie que grandit la compassion. Une capacité d'intégrer tout ce qui est dans un « grandir » reconnu comme la seule réalité. Il s'agit d'un processus très long, qui réclame patience et détermination. Un véritable combat intérieur qui ne peut se dérouler en quelques jours de séminaire.

L'ÉTHIQUE DE LA VIE

Des années d'une vie irréprochable, selon une éthique et un respect fondamental de la vie, nous permettront de devenir de plus en plus conducteurs de ce qui a été reconnu au cœur de ce devoir. Ensuite seulement cela peut toucher le corps et aller à la racine du poison du corps qui est la peur. À la base de la peur, il y a ce sentiment de la séparation, de l'existence d'un autre. Même si nous avons pu dénoncer le caractère fallacieux de l'existence de l'autre au niveau mental et émotionnel, la peur persiste tant qu'il existe un lieu d'identification à ce corps, tant que nous croyons être ce corps, tant que nous persistons dans une expérience physique séparée. Il existe très peu d'êtres ayant totalement aboli cette identification au corps. Ce sont eux qu'on appelle « réalisés ».

Dans ce sens, il faut préciser que nous pouvons vivre l'éveil de manière totalement intégrée au niveau de la conscience, en vivant l'évidence de la non-dualité. Nous pouvons, sur le plan de la représentation mentale, ne plus être dupes des croyances, des préjugés et des convictions. Jusqu'à un certain point, nous pouvons avoir déraciné de notre cœur les poisons de la colère et être habités par une authentique compassion. Nous souffrons, avec celui qui n'est plus un autre que nous, le même « grandir » qui se cherche et doit s'accomplir, sans pour autant être libre de la peur (l'intégration de la peur transformée dans la conscience).

Le témoignage ultime de la non-peur n'a d'intérêt pour nous que s'il est capable de nous réconcilier immédiatement avec notre peur. Comme l'a si bien exprimé Laing : « Moi je ne suis pas libre de la peur, je suis libre de la peur d'avoir peur. » Celui qui nous enseigne à partir de la non-peur le fait à partir de cette qualité d'amour, de compassion, de bonté infinie qui fait que nous, peureux, ne sommes pas exclus. Le peureux est inclus, car il fait partie du champ de transformation nécessaire afin qu'advienne quelque chose de meilleur et de vivant. Que quelqu'un, caché au bout du monde, vive la félicité, cela ne nous concerne pas. Ce qui nous concerne, c'est dans quelle mesure un éveillé peut nous faire ressentir ces choses magnifiques que sont la bonté, la charité et l'amour. S'il est capable de nous aimer avec notre peur, il peut aussi nous réconcilier avec elle, nous la montrer différemment, nous donner envie de ne pas la secouer dans une poubelle spirituelle, mais au contraire de la faire grandir. La peur est un signe d'espérance qui annonce la joie. La peur, c'est la joie mal vue. C'est de cela que témoignent les éveillés, même ceux qui ont encore peur.

Chapitre 9

Accompagner le grandir

Aujourd'hui, bien plus qu'hier, se pose la question cruciale de l'éducation des enfants. L'éducation actuelle ne semble plus adaptée, en tout cas en France, à la civilisation que nous avons créée et dans laquelle les jeunes sont entrés de plain-pied. Comment pourrait-on mieux éduquer ?

Qu'est-ce qui est à la base de la relation que l'on développe avec l'enfant ? L'éduquer, est-ce lui donner quelque chose ou est-ce faire grandir quelque chose en lui ? Là peut se trouver la confusion.

Si l'expérience de vie de l'éducateur consiste en une relation essentiellement fondée sur l'avoir, celui-ci aura tendance à privilégier les éléments matériels chaque fois qu'il se trouvera confronté à telle ou telle situation éducative, et il lui sera difficile de capter l'attention de l'enfant.

Car un enfant est-il véritablement intéressé par des objets ou situations autres que ceux censés lui apporter une gratification immédiate ? Le caprice de l'enfant est toujours lié à l'insatisfaction immédiate. D'où l'attrait qu'exerce sur lui toute possibilité d'une telle gratification : le monde des images faciles, télévisuelles, les jeux vidéo, etc., entre autres. D'où, aussi, les difficultés que peuvent rencontrer les professeurs lorsqu'ils ne transmettent pas des éléments de gratification s'appliquant au goût ou aux intérêts des enfants auxquels ils s'adressent. Et l'on a trop tendance à croire que la bonne éducation consiste à satisfaire cette revendication capricieuse de l'enfant. Une bonne éducation ne consiste pas à transmettre par des stratagèmes des objets satisfaisants, qui captent automatiquement l'attention de l'enfant.

L'AUTRE VISION

Je pense que l'éducation doit, dès le départ, se fonder sur une autre vision, dans laquelle il ne soit pas uniquement question de donner du savoir considéré comme manquant, mais de faire grandir en l'enfant ce qui s'y trouve déjà et qui n'attend que ça. C'est la célèbre différence de Montaigne entre une tête bien pleine et une tête bien faite. Dans cette perspective, les objets de savoir ne seront que des prétextes déclencheurs, en aucun cas ils ne seront vécus comme des substituts aux manques. La seule façon de susciter l'intérêt ou l'attention, c'est de toucher l'envie de grandir qu'a en lui tout enfant.

De même, un bon instructeur spirituel ne transmet pas des objets de savoir à ses élèves : il stimule en eux le profond besoin du Réel ou de la présence de Dieu ; il stimule ce besoin de vérité qui est en chacun de nous. Tout, alors, devient prétexte à faire grandir non pas la connaissance mais la co-naissance spirituelle, par la prise de conscience à l'aide de travaux divers.

Un éducateur, pour moi, c'est quelqu'un qui vient toucher, à un autre niveau, cette dimension de l'être, qui donne à l'enfant envie de grandir, tout en accompagnant et en structurant cette envie. Chaque éducateur, avec ses qualités propres, doit inventer la structure qui va faire évoluer ce grandir. L'éducation profonde est, à mon avis, beaucoup plus une contagion de l'être par l'être que la transmission, par un système de vases communicants, d'un avoir, d'un savoir, avec tout ce que cela suppose de rapports de pouvoir, de crainte, de chantages... découlant en général de telles situations — aussi bien dans la famille qu'à l'école. Sous le prétexte de l'acquisition de connaissances, on entre dans le conflit de pouvoirs, auquel un enfant s'avère très sensible et auquel il répond. Face à un détenteur de pouvoir, chaque enfant a sa réaction personnelle, mais toujours présente.

Pourquoi préfère-t-il souvent quitter la relation humaine d'éducation pour aller vers des relations plus passives aves des objets inertes, mais communicants, tels les ordinateurs ? L'ordinateur ne lui donnera jamais de gifle, il ne se lassera jamais de répéter la même chose ; tout en le renvoyant constamment à lui-même, il n'énoncera ni condamnations ni punitions ou critiques liées au rejet et au refus. Mais l'ordinateur est capable de tout, sauf d'aimer. Le succès du fameux Macintosh vient aussi de ce qu'il est convivial, même par défaut.

Les enfants préfèrent donc avoir un rapport avec un détenteur de connaissance qui exclut le pouvoir, car ils sont sensibles à la racine sur laquelle se fait le passage de la connaissance. La racine, ce doit être le sentiment de dignité dans lequel ils se trouvent face à ceux qui leur transmettent cette connaissance. Si ces derniers ne les considèrent pas comme un bocal vide qu'il faut remplir, mais au contraire comme un être vivant et précieux qui doit grandir, que l'on doit accompagner dans sa connaissance, l'enfant ressentira cet amour et cette compassion.

Bourrage et remplissage ne sont pas des méthodes de vraie éducation : éduquer un être, c'est d'abord lui donner une présence et faire en sorte qu'il n'y ait pas de décalage entre ce qu'il est et ce qu'il sait.

Respecter quelqu'un, c'est aller selon la mesure de cette personne : un enfant ressent toujours très bien ce comportement, car il supporte mal qu'on lui fasse violence, qu'on ne respecte pas son rythme, sa mesure, son besoin réel. Et son besoin n'a rien à voir avec ce que les autres pensent du manque de tel ou tel avoir qu'il faudrait combler ; son besoin, c'est de combler le manque selon son mode de connaissance à lui. Le respect de sa dynamique sera immédiatement ressenti par l'enfant.

La cité, dans l'esprit de Platon, a beaucoup plus besoin d'êtres qui grandissent que de bocaux remplis de définitions, surtout lorsqu'il y a un décalage entre ce qu'ils savent et ce qu'ils sont.

SAVOIR ÉCOUTER

J'ouvre ici une parenthèse concernant la capacité fondamentale de l'éducateur — qu'il soit parent ou professeur — vis-à-vis de l'être à éduquer : la capacité d'écoute. Parlant récemment avec une personne qui avait des difficultés, je lui ai demandé si elle priait. Elle m'a répondu que oui, qu'elle parlait et s'adressait beaucoup au Seigneur. Je lui ai alors demandé si elle écoutait, si elle l'écoutait. C'était bien, en effet, de s'adresser à lui, mais dans toute relation, s'il faut savoir parler, il faut aussi savoir écouter, sinon il manque quelque chose. Il me paraissait évident que, dans la relation de prière, on pouvait s'adresser à Dieu, quelle que soit la forme sous laquelle on le vénère, mais qu'il fallait aussi savoir l'écouter. On peut écouter Dieu à la manière dont la maman écoute son enfant. Dieu ne nous parle pas nécessairement comme le fait un interlocuteur humain. Il faut donc l'écouter tel qu'Il nous parle : avec le vent, les arbres, les fleurs, avec le silence, avec le désert... Il doit y avoir en nous la capacité naturelle d'écouter ce langage, de même que la maman a la capacité naturelle d'écouter, de comprendre et deviner son bébé. S'il y a l'écoute de la mère qui entend son bébé, il doit y avoir l'écoute de la créature qui entend son créateur.

Je fermerai cette parenthèse en disant que nous devons aussi savoir développer en nous l'écoute du langage du grand enfant. Cela demande une qualité d'écoute d'une autre dimension que celle du bébé. Cette dernière est relativement plus facile, car elle est instinctive et ne repose pas sur l'opposition ou la rivalité qui chez l'enfant marque l'éveil de l'autonomie.

Il est d'ailleurs très intéressant d'observer l'évolution parentale au fur et à mesure de l'apparition de l'autonomie, qui commence par les premiers « non ». Comment moi, parent ou éducateur, suis-je capable, au fur et à mesure de la croissance de l'enfant qui témoigne de l'acquisition de son individualité, d'accompagner cette autonomisation ? Et comment suis-je capable d'assumer le fait que si moi, parent, je vois grandir mes enfants, mes enfants eux aussi me voient grandir ? Ce n'est jamais à sens unique. Un parent n'est pas un objet arrêté face à des enfants qui grandissent.

Nous ne sommes pas des êtres parfaits et nous évoluons, aussi n'avons-nous pas à nous comporter vis-à-vis de nos enfants comme si nous étions des représentants de la perfection. La totalité que nous représentons à leurs yeux tant qu'ils n'ont pas acquis leur autonomie, nous la perdons progressivement au fur et à mesure que croît leur individualité. Nous perdons tout : le mythe, le pouvoir, la crainte, l'autorité rattachés à la fonction parentale. Notre fragilité apparaît alors à nu face à ces enfants qui grandissent. Notre avoir et notre paraître étant détrônés, ne reste que la qualité de notre être et de notre présence. Et c'est à ce niveau-là que les enfants viennent nous solliciter : que pouvons-nous leur donner ?

LE GRANDIR DE L'ÊTRE

C'est seulement dans la mesure où je ne dépends pas de ce que j'ai, où je suis en contact avec son être profond, que je peux développer une écoute répondant aux attentes et aux besoins réels de cet enfant qui devient autonome et dont j'ai encore la responsabilité. Le croître de mon être doit accompagner le croître de l'être de l'enfant. Si l'on n'est pas responsabilisé à ce niveau apparaît ce que l'on voit trop fréquemment : la démission par défaut. Le propre d'une éducation juste se trouve dans une conscience aiguë de la nécessité de la croissance de l'être, dans l'immense générosité qui accompagne toute responsabilité véritable de l'individualisation. On ne voit jamais, alors, son enfant comme un objet fini dans l'instant, mais comme un acte de grandir. Un grandir en action. Et il faut du temps pour que l'« action homme » se déploie, qu'elle exprime véritablement son destin et son sens profond.

Toute éducation doit s'enraciner dans cette conscience, et ce n'est possible que si parents et professeurs sont eux-mêmes profondément éveillés à la nécessité du destin premier de tout être conscient : le faire grandir pour qu'apparaissent être, conscience et joie. Cette formule est, je le

L'Effort et la Grâce

rappelle, le nom qu'on donne en Inde, traditionnellement, à la divinité : Sat Chit Ananda. Toute éducation se confronte à la difficulté de capter l'intérêt de l'enfant : mais il y a une grande différence entre servir l'intention de la vie — qui est le grandir de ces qualités-là — et le fait de satisfaire aux intérêts de la gratification personnelle, égoïste, centrée sur le plaisir immédiat.

Certes, la recherche du bonheur va structurer l'être pensant. Mais si les alibis du bonheur et du plaisir ont un sens dans l'évolution de la conscience humaine, ils ne peuvent en constituer les domaines ultimes, car ce sont des objets dépendant des circonstances extérieures, et liés à leurs contraires — la tristesse et la douleur — en une succession continue. Or l'éducation devrait essentiellement consister à faire accéder l'être à une qualité de conscience qui n'a pas de contraire, ce qui est une bonne définition de la sérénité. Le propre d'une conscience délivrée est de vivre dans un état d'être qui n'a pas de contraire, et qui n'est donc jamais en danger. Elle sait être sereine.

Chapitre 10

Drogue et psyché

Aujourd'hui, énormément de gens, jeunes et moins jeunes, prennent des drogues, qu'elles soient « douces » comme l'herbe et le hachich, légalisées par la société comme l'alcool et les divers tranquillisants dont la France est l'un des trois plus gros consommateurs au monde, ou « dures » comme l'héroïne ou le crack. Qu'en penser ?

Disons d'abord qu'il ne s'agit ici en aucun cas de défendre l'usage des drogues dont certaines font des ravages, mais de réfléchir à un phénomène de société qui va s'amplifiant.

En explorant les mécanismes profonds qui nous font aller de plus en plus vers les drogues, peut-être comprendrons-nous pourquoi, dans certaines civilisations, leur usage était complètement intégré à la vie traditionnelle.

Il y a d'abord le simple phénomène de curiosité, qui n'est jamais tout à fait innocent : étymologiquement, curieux vient de « chercher en cercle » — ce qui suppose un mouvement très particulier, que l'on retrouve dans de nombreux phénomènes liés à la drogue, à certaines ivresses mystiques ou à des pratiques visant à engendrer cette sorte d'expériences. Ce qui nous pousse vers l'expérience hallucinogène, c'est d'abord une forme d'insatisfaction : ce que nous appelons la « réalité quotidienne » ne se suffit pas à elle-même, et notre manière de la vivre en occulte le sens. Or la prise d'un psychotrope a au moins deux effets : d'abord, elle fait apparaître la réalité quotidienne comme plus satisfaisante ; ensuite, elle hisse la conscience à un niveau qui permet de saisir ce qui était occulté. L'espace d'un instant, l'existence prend du sens, rarement exprimable de façon logique, mais perçu comme absolument convaincant, car associé à des sensations intenses.

Les drogues « douces » donnent une sorte de confort. Certaines drogues hallucinogènes, qui ne sont pas « dures » au sens de l'héroïne, ne dispensent pas forcément une extase tranquille, un voyage confortable... Entre drogues « dures » et drogues « douces », ne faudrait-il pas introduire un troisième terme ?

Plutôt que drogue, qui est un véritable fourre-tout, je préfère employer le mot « psychotrope ». Il fait référence à des plantes puissantes, comme la mescaline, le peyotl et autres cactus ou lianes aptes à générer des voyages intérieurs qui bouleversent le psychisme : c'est leur aspect initiatique. Qui dit initiatique dit épreuve, donc confrontation à une réalité d'un autre ordre — avec la capacité ou non d'intégrer ce nouvel ordre de conscience, qui tel un miroir réfléchit les arcanes et dédales de la psyché du consommateur. Dans les civilisations traditionnelles, si ce genre d'expériences se faisait dans le cadre d'une transmission, c'était justement pour éviter que cette confrontation ne tourne au désastre, pour qu'elle devienne un voyage initiatique permettant l'intégration de nouvelles données de la conscience et donc l'acquisition d'une compréhension nouvelle. Chez nous, le fait d'absorber une substance

par compensation, pour voir la vie sous un jour plus satisfaisant, met en avant la « première drogue d'entre toutes » :
le rêve.

Que fait-on face à un quotidien terne ? Dès l'enfance
apparaissent deux types de comportement : les uns vont
agir et s'efforcer de transformer ce quotidien ; les autres
vont rêver un autre quotidien, s'y réfugiant parfois entièrement pour oublier un réel trop dur dans lequel ils se sen-
tent malheureux, dominés, handicapés. Jusqu'à un certain
point, ce rêve a une réalité. D'ailleurs, ceux qui s'efforcent
de transformer le monde ont également besoin du rêve —
sorte d'esquisse du projet qu'ils tentent de matérialiser ;
s'ils y parviennent, ils connaîtront à coup sûr la joie de la
réalisation pratique et de l'effort. Les autres, qui n'agissent
pas, trouveront aussi une forme de gratification dans la
compensation intérieure qu'apporte un univers de rêves ;
mais à un moment donné, ces rêves perdront de leur force,
et c'est pour compenser leur manque de réalité qu'ils vont
se mettre à absorber des substances hallucinogènes. Celui
qui transforme le monde concrétise son rêve, il a la satisfaction de pouvoir le contempler et, en même temps, d'être
reconnu par les autres. Celui qui ne fait que rêver vit dans
l'inconsistance. Or, certaines substances ont la propriété de
faire passer les rêves pour plus consistants, plus intenses,
plus réels qu'ils ne sont, si bien que le rêveur insatisfait
aura naturellement tendance à augmenter ses doses.
    Pour moi, la « première drogue » est le rêve de l'homme
face au quotidien, et le fait qu'il soit possible d'intensifier
ce rêve, de lui donner plus de réalité. Aussi me paraît-il

essentiel de mettre l'accent sur les risques catastrophiques que courent les adolescents dans ces moments clés, véritablement initiatiques, où chacun cherche à opérer la conversion du rêve en réalité. À l'âge de la puberté, le petit humain va faire un rêve, vivre une expérience, être totémisé, recevoir un nom, faire le rêve de ce que sera sa vie... Il entre alors dans le monde des adultes. C'est du moins ce qui se passait dans les civilisations traditionnelles.

De nos jours, ce même adolescent n'est plus encadré et il a grand mal à faire l'effort de comprendre ce qui se passe en lui ; s'il absorbe une substance hallucinogène, il va vivre une expérience doublement chamanique, car cette substance fait bien plus qu'intensifier son rêve et lui donner une réalité intérieure pendant quelque temps : elle remet directement en cause les mécanismes de croyance au monde. Si elle survient trop tôt, cette remise en cause peut complètement démobiliser l'individu, qui se trouvera désormais incapable de fournir le moindre effort. Quiconque a pris de l'herbe ne serait-ce qu'une fois a pu constater combien soudain le monde autour de soi prend l'allure d'un cirque qui ne peut que prêter à rire : les gens semblent s'affairer dans des univers complètement fermés, vers des objectifs ridicules ou futiles, bref le grand jeu de masques et de dupes se trouve dévoilé ; gravement démotivé, l'individu risque de rejeter en bloc le système dans lequel il est censé fonctionner. Or, cela se passe à l'âge où, justement, l'adolescent doit se structurer dans l'effort, qui seul va pouvoir concrétiser le projet qu'il porte en lui. De plus, ces expériences psychotropiques peuvent être très intenses et créer un fossé infranchissable entre ce qu'il voit et sa capacité de l'intégrer à sa propre évolution. Cet enfant risque non seulement d'être perdu pour la société — ce qui est déjà un mal, quoi qu'on pense de la société —, mais aussi et surtout pour l'accomplissement de son propre destin, car il est probable qu'il ressentira constamment le besoin de reprendre de cette substance pour continuer à vivre.

Face à un tel risque, la question de savoir s'il faut légaliser ou pénaliser paraît bien ridicule. Il faut se placer dans une perspective absolument différente, n'ayant rien à voir avec la police ou la justice, mais qui concerne la psychologie, la philosophie, la religion, la structuration culturelle d'une société. Associer les gens qui absorbent de telles substances à des hors-la-loi est absurde. En revanche, il me paraît de la plus haute importance d'envisager la façon d'intégrer ces substances dans notre société, sur un plan non pas légal et policier, mais culturel. Plusieurs traditions nous offrent l'exemple de leur relation à ces substances : elles étaient toujours rattachées à des valeurs sacrées, initiatiques, de transmission, accompagnées de codes de conduite généralement éveillants.

VOYAGE INITIATIQUE ET DISCIPLINE

Dans les années soixante, lorsqu'on faisait référence aux expériences hallucinogènes, on invoquait habituellement les ethnies qui les vivaient de façon sacralisée, rituelle — Yaquis, Tarahumaras, etc. —, mais aussi certains artistes : bien avant Daumal, Michaux, Huxley ou Duits, on sait que Baudelaire, Verlaine, Gautier, Rimbaud et tant d'autres ont parfois puisé leur inspiration dans les psychotropes... Ainsi tentions-nous sans doute de justifier notre comportement. De même, lorsque Bob Marley — qui a fortement marqué son temps et qu'à bien des égards on peut considérer comme le chantre du chanvre — parlait de l'herbe, il se réclamait de la philosophie et de la religion rasta, avec toute la symbolique et la vision qu'impliquait une certaine éthique. Au-delà du chanteur, il y avait un homme de réflexion qui mettait en avant des grandes valeurs.

Si l'on veut aujourd'hui régler les problèmes liés à l'absorption des substances hallucinogènes, mieux vaut tenter de réinstituer dans notre société — sans aller jusqu'à une nouvelle religion ou un culte comme cela se passe par exemple au Brésil — des structures culturelles reconnaissant profondément les mécanismes sur lesquels leur absorption a toujours fonctionné. Si nous voulons protéger notre jeunesse, cela ne peut passer uniquement par la justice ou la police, mais également par un encadrement intelligent, culturellement, psychologiquement, métaphysiquement, spirituellement intelligent. C'est-à-dire qu'il faudrait parvenir à recréer autour de l'herbe et des psychotropes les mêmes exigences qu'il y a dans les rituels sacrés. Ainsi supprimerait-on le stress et les comportements hors la loi découlant de l'interdit. On pourrait mieux surveiller l'ensemble du processus et, progressivement, y introduire l'exigence d'une discipline mille fois plus payante, en fait, que l'interdit lui-même. En intégrant dans le quotidien, dont on ne peut de toute façon plus l'extraire aujourd'hui, un élément qui, s'il est parfaitement encadré, amène à une discipline en soi très structurante, la relation à l'herbe deviendrait vraisemblablement éducative. Elle obligerait à une réelle qualité de conscience.

En fait, on aurait besoin de philosophes de l'herbe et des substances avoisinantes — un peu comme il y a eu Timothy Leary pour le LSD —, de philosophes de l'être qui sachent conduire la jeunesse sur des chemins qu'il est dangereux de pratiquer en sauvage. On pouvait sans doute s'en passer du temps des petites réunions sympathiques autour d'un « pétard », d'un « joint », mais quand cela devient aussi systématique que ça l'est aujourd'hui, autant le structurer plutôt que tout perdre dans la révolte ou la fuite. Et les seuls qui puissent s'en charger sont ceux qui véhiculent une certaine connaissance pratique des sociétés traditionnelles où l'on parle des « plantes des dieux ».

INTÉGRER LES MODIFICATIONS PSYCHIQUES

Dans les années soixante-dix, de nombreux livres ont évoqué ce problème. Curieusement, vu l'ampleur du phénomène, cette littérature de référence se fait plus rare et l'on peut constater un manque flagrant de guides culturels s'intéressant à ce courant. Il faut insister sur le fait que l'absorption de certains produits change notre niveau de conscience — et qui dit changer de niveau de conscience dit forcément changer de mode de connaissance. Or cela caractérise la pratique de n'importe quelle discipline d'Orient ou d'Occident. Que ce soit par des échauffements internes, des pratiques de respiration, des mantras, des postures gymniques ou yogiques, il y a toujours une façon de provoquer des modifications psychosomatiques intenses. Même après la pratique d'un sport, on appréhende différemment l'univers et soi-même, avec un sentiment naturel de bien-être. Les substances psychédéliques créent aussi une perception différente, mais de manière plus violente, l'inconvénient venant de n'y être pas préparé. Le plus grave problème lié aux psychotropes est ce qu'on appelle le « flip », c'est-à-dire la confrontation à un événement psychique violent qu'on ne peut intégrer.

Cela se passe rarement avec des drogues douces, plus souvent avec des substances fortes, qu'elles soient naturelles

ou de synthèse. Le psilocibe, la mescaline, le LSD, etc.,
sont des substances puissantes qui ouvrent l'accès à un
niveau de conscience et un mode de connaissance qui
confrontent à des expériences qu'on n'est pas toujours à
même d'intégrer. Et c'est ce qui provoque le flip, véritable
disjonctage psychique.

Un encadrement à valeur initiatique aide à passer
l'épreuve, car ce genre d'expérience sera toujours une
épreuve. Le dragon qu'on va rencontrer, le gardien du seuil
— du passage psychique dans une autre réalité — vont
nous permettre d'accéder à un niveau de conscience différent, sinon supérieur, qu'il nous faut intégrer. La substance
qui nous conduit au dragon en question éveille en nous
un univers, elle déclenche un mécanisme dans nos profon-
deurs, mais à aucun moment elle ne peut nous permettre
d'intégrer l'expérience vécue. Elle nous amène au seuil
de l'expérience, mais ensuite nous nous retrouvons seuls
face au bouleversement que constitue l'expérience. Sans
accompagnement, comment pouvons-nous apprendre à
l'intégrer ? Nous sommes livrés, complètement nus, à la
substance. Ce qui faisait la valeur d'un encadrement traditionnel, c'est que le chaman qui accompagnait savait très
bien à quoi il exposait le néophyte. C'est là qu'il faut
retrouver tout le sens d'un rituel. Dans les sociétés dites
primitives, lorsqu'un individu s'apprête à vivre une expérience psychotropique, on le prépare surtout à intégrer
cette expérience de façon qu'à aucun moment, en lui, il
n'y ait de décalage entre ce qu'il est et l'expérience qu'il
vit, avec laquelle il se confond.

Le problème, dans l'homme, c'est toujours le décalage
entre ce qu'il sait et ce qu'il est. Et le grand paradoxe, c'est
qu'on est toujours rattrapé par ses illusions : celui dont
nous parlions au début, qui croyait pouvoir se dispenser

de l'effort nécessaire à la transformation de son rêve en réalité, se trouve soudain confronté, à l'intérieur de lui-même, à la nécessité d'un travail immédiat pour pouvoir intégrer l'expérience qui lui manque au cours de son voyage intérieur.

Autrement dit, la vie ne nous dispense jamais de l'effort indispensable pour intégrer nos expériences à notre vécu quotidien. Aucune substance ne pourra nous éviter cet effort d'intégration dont notre vie a besoin. Certains vont opérer cette intégration par l'action, en se libérant de l'attente qu'ils ont des fruits de l'action, ce qui va les amener à entrer dans un processus beaucoup plus vaste de conscience. Et puis il y a ceux qui vont prendre la voie de la substance, en désirant qu'elle soit lucidogène et non plus hallucinogène : ceux-là seront confrontés à la même nécessité de travail intérieur qui va les obliger à abolir peu à peu l'espace existant entre l'élévation de cette expérience induite et leur niveau de conscience ordinaire.

Cela n'est possible que par un travail d'intégration obéissant à une discipline très exigeante, qui va obligatoirement impliquer une hygiène de vie draconienne : le quotidien de personnes qui, tels les chamans des sociétés traditionnelles, suivent un itinéraire utilisant des substances lucidogènes est beaucoup plus strict que celui des autres personnes ! Un medicine man doit mener une existence très rigoureuse. Dans certaines tribus, il doit même justifier son comportement, rendre des comptes à la tribu. Et celle-ci peut s'en défaire si elle considère qu'il ne se comporte pas bien. L'absorption des substances traditionnelles telles que le peyotl ou l'ayahuasca implique de la part des tribus qui en usent un très fort sentiment de responsabilité : par modification chimique de la conscience, on rencontre des niveaux d'énergie dont la fréquentation peut mettre en danger l'existence de l'individu comme celle de la tribu tout entière !

D'un point de vue initiatique, il n'y a pas de croissance sans crise. Celle-ci marque toujours un moment clé. Face à une crise, il y a deux façons de se comporter : affronter ou être victime. Si l'on n'a pas appris à gérer la crise, on se fait dépasser par elle. Nous générons, par notre comportement, les crises dont nous avons besoin pour grandir. Soit nous les dépassons en nous en servant comme possibilité de grandir, soit nous les subissons en nous faisant aider par des substances diverses et en ajournant continuellement la nécessité de passer à travers elles. En cela, le calmant s'avère souvent la seule façon de compenser notre incapacité d'agir en adultes responsables face à la crise et à notre croissance. Notre inconscient se trouve déployé autour de nous : il génère constamment son environnement et nous créons continuellement des situations, des événements, des rencontres, donc un univers de relations, qui sont autant d'occasions pour nous de résoudre les problèmes que nous suscitons et que nous devons résoudre si nous voulons apprendre et grandir.

Les substances modificatrices des états de conscience ont toujours été déconseillées aux disciples des voies spirituelles classiques pour deux raisons : elles induisent un état difficilement gérable et non exempt de conséquences fâcheuses sans direction avisée ; de plus ces états ne correspondent pas à ce que ces enseignements appellent la nature de la réalité.

Chapitre 11

Le travail corporel

DU DÉCOR AU CORPS

*L'un des apports majeurs de l'Orient à l'Occident, en ce siècle,
réside dans la découverte des techniques physiques de travail
sur soi : yogas divers, techniques de méditation telles que le
zazen, pratiques psychosomatiques tibétaines, gymnastiques
chinoises comme le tai-chi et le chi-gong, sans oublier l'univers
des massages, une pointe d'acupuncture... Que dire de la finalité de ces approches corporelles ?*

Avant d'évoquer le travail corporel proprement dit, il
importe de situer ce que représente le monde dans lequel
nous vivons. Pour la majorité d'entre nous, il relève beaucoup plus du décor que d'une réalité vivante. Nous évoluons dedans sans nous sentir réellement liés à lui,
l'utilisant en fonction de nos besoins immédiats, même si,
à de rares moments, nous en tirons un plaisir, une gratification. Existe-t-il donc une relation entre ce vaste jardin
terrestre — cet éden de « terre rouge » (*adama* en hébreu),
de glaise, d'où fut extrait Adam — et nous-mêmes ?
Quel vécu avons-nous du grand corps qu'est le monde ?
N'est-il pas très proche du vécu de notre propre corps ?

En réalité, notre expérience du monde et celle de notre corps sont très similaires : nous sommes un petit décor situé dans un grand décor, et il va nous falloir passer du décor au corps. Pour y parvenir, il faut d'abord prendre conscience de la petite entité que nous représentons dans le grand corps du monde qu'à tort, insensibles au lien profond qui nous y rattache, nous considérons comme un décor. Par analogie, nous pouvons dire que nous habitons à l'intérieur d'un petit corps dont, à bien des égards, nous sommes également séparés.

Dans cette optique, le travail corporel consiste d'abord à se relier à ce corps physique et, pour qu'il puisse avoir lieu, il est important d'être rattaché à une tradition qui tienne compte de l'expérience de la séparation. De la même façon, celui qui vit le monde comme un décor, le considérant comme un objet isolé et transformable à volonté, va vouloir y œuvrer pour le façonner à son idée. Il est donc capital que celui qui nous enseigne la façon de vivre dans le monde ne soit pas dupe de cette séparation et des fonctionnements qui en découlent ; il doit être établi dans une conscience où se trouve totalement éveillée et vivante l'expérience que ce monde est vivant, intelligent, qu'il existe en outre un projet dont l'homme fait partie intégrante. Ce projet a pour nom Amour. L'homme qui nous enseigne la façon d'être au monde est habité par cette Conscience. Il ne vit pas sur un mode de séparation avec ce qui l'entoure, mais il est éveillé, habité par l'intelligence qui anime le monde et tout ce qu'il contient. Il a conscience du projet qui l'anime, ce projet d'Amour célébré par les grands mystiques et les grands saints de toutes les traditions spirituelles.

UN TRAVAIL D'ÉCOLOGIE ABSOLUE

Lors du travail corporel, on va essayer d'aider et de guider la personne vers ce ressenti profond que le corps n'est pas un objet que l'on pourrait manipuler à volonté pour le rendre idéal. Conduire une pratique corporelle, c'est amener l'autre à vivre dans l'intimité d'un corps dont il se croit séparé, l'éveiller à l'intelligence qui anime son corps par une prise de conscience de l'abolition des séparations corps-pensée et organisme-environnement. Le travail corporel est un travail d'écologie absolue ! Au lieu de manipuler la nature en fonction de préjugés et d'intérêts personnels, on se met à son écoute afin d'en ressentir les lois et les rythmes profonds, de les servir et de préserver le projet exprimé par la nature. Une fois que ceux-ci ont été reconnus, on peut s'inscrire dans les grands rythmes du monde et se relier à lui. Le travail corporel est donc un travail de conscience. Nous vivons mécaniquement dans un corps dont nous avons l'illusion d'être séparés, d'autant que nous entretenons une hypertrophie de la séparation qui fait de nous des êtres exclusivement déterminés par les pensées et les émotions. Le travail corporel consiste à quitter la roue de la séparation grâce à un vécu intime avec le corps qui, nécessairement, doit être l'organe d'une fonction, l'expression d'une intelligence.

Au regard de la naissance de l'univers (15 milliards d'années selon la théorie du Big Bang), de celle de la Terre (4,6 milliards d'années), de l'apparition et de l'évolution de l'homme, comment ne pas avoir la conviction que cet ensemble est animé par une intelligence supérieure porteuse d'un projet ? En vivant en intimité avec ce corps, aboutissement d'un très long processus d'évolution de la conscience, on doit forcément, à un moment donné, rencontrer l'Intelligence qui anime cette évolution et a donné au corps sa perfection.

La formule « la fonction crée l'organe » exprime indéniablement l'intelligence qui cherche à se reconnaître à travers ce corps et en quelque sorte à le faire grandir. À travers ce corps, il nous appartient de faire remonter l'énergie jusqu'à la conscience d'origine qui l'a conçu de cette façon. Le corps porte en lui la raison d'être de cette intelligence.

Le travail corporel ne consiste pas en une manipulation du corps visant à obtenir un objet performant capable d'atteindre tel ou tel résultat — avec l'inévitable escalade des performances que cela suppose. C'est au contraire par une écoute respectueuse que l'on peut prendre conscience de cette Intelligence seule capable de créer un véhicule aussi merveilleux. En vivant dans l'intimité de la structure même du corps, en entrant en intelligence avec l'Intelligence du corps, on va peu à peu découvrir qu'il n'est effectivement pas un objet séparé, mais une structure organisée autour de passages permettant l'échange.

Les deux orifices principaux d'entrée et de sortie que sont la bouche et l'anus n'ont de sens que parce qu'ils perpétuent la structure corporelle ; leur finalité n'est donc pas liée à l'intelligence du corps. Quant à ceux autour desquels s'organise cette structure, les trous sensoriels (narines, bouche, oreilles, yeux), ce sont des lieux d'échange et de relation. L'organisme est donc une structure organisée autour de la relation, le contraire d'un objet isolé. La seule raison d'être du corps, c'est la relation qu'il entretient avec son environnement. Vouloir œuvrer sur le corps en tant qu'objet isolé revient à travailler sur un cadavre. À l'inverse, effectuer un travail corporel par la méditation — qui permet d'entrer en intimité consciente avec le corps — conduit obligatoirement à faire un travail sur la relation.

La relation avec qui, avec quoi ? Avec ce mystère qu'on appelle Dieu, avec l'énergie qui sous-tend le cosmos...

La structure même du corps témoigne de sa fonction, qui est d'entrer en relation. Cela implique que l'Intelligence qui l'a créé ne peut se reconnaître qu'à travers la relation, non dans la solitude. Tout le travail va d'abord consister à nous mettre profondément en contact avec l'intelligence et la raison d'être du corps en tant que sujet de relation et lieu d'échange. Plus tard, lorsqu'on se situe à un autre niveau d'intimité avec le corps, on ressent les rythmes qui animent cette structure organisée autour de la relation. Plus cette intimité s'approfondit, plus le contact avec les rythmes (respiratoire, cardiaque...) s'intensifie. Et l'on découvre que le rythme est lié dans le corps à un mouvement double : s'il y a rythme, c'est qu'il y a deux, et là encore apparaît une relation. L'expérience intime des dynamismes vivants du corps est à nouveau celle de la dualité, de la relation à un niveau subtil de l'existence même du corps. Mais le rythme le plus important, celui qui donne sens à l'homme debout, c'est la marche, autre mouvement double qui fait avancer alternativement un pied après l'autre. Grâce à la conscience profonde de ces rythmes, nous allons peu à peu sentir que c'est par leur intermédiaire que nous pourrons nous insérer dans les rythmes du grand corps. Une certaine façon de respirer nous met en accord avec un environnement qui nous respire et nous inspire, habités que nous sommes par l'intelligence de cette respiration, et c'est aussi vrai pour le rythme cardiaque que pour celui de la marche. Accomplie consciemment, celle-ci est probablement l'acte le plus régénérateur, la pratique corporelle la plus aboutie qui soit.

Il importe ici de faire une distinction entre ce que l'on a coutume d'appeler les pratiques assises et les pratiques debout. Par les premières, qui expriment immédiatement l'arrêt de la motricité, on se dirige vers l'immobilité, le repos : c'est en général une façon de s'extraire de toute manifestation. Quant à la pratique debout, celle de la marche, elle permet d'entrer consciemment dans la relation dynamique que représente le monde.

Il existe une voie initiatique qui consiste à vivre dans le monde, dont les pratiques corporelles peuvent présenter de grandes différences. Les unes proposent de se « désidentifier » du corps, les autres de nous relier au monde par la reconnaissance de l'Intelligence qui anime aussi bien le corps que le prétendu « dehors-dedans ».

Le travail corporel est l'occasion de prendre conscience de ce qui relie celui qui habite le corps à ce corps et celui-ci à son environnement. À partir de là, un bon instructeur doit inventer les moyens qui amèneront les chercheurs à une prise de conscience directe de la vérité dans leur corps. Une fois reconnue, elle va se développer. J'ajoute qu'on ne peut affirmer qu'il existe des activités spécifiques détentrices du monopole de l'éveil de la conscience : il appartient à l'instructeur de trouver la technique appropriée qui provoquera cette prise de conscience chez l'élève, de sorte qu'il puisse l'élargir à son expérience quotidienne. L'important, c'est que l'aspirant à cette ouverture de la conscience ressente la dichotomie qu'il entretient en vivant son corps comme un objet et l'environnement dans lequel il évolue comme un décor. Vivre en intimité avec son corps par une pratique régulière nécessite d'abord que l'on s'assoie. On ne peut d'emblée passer d'un mouvement inconscient, automatique, à un mouvement conscient et responsable. Un sas est toujours indispensable, permettant de passer du mouvement inconscient à l'immobilité. Dans l'impossibilité de bouger, on se trouve immergé dans une situation d'urgence et l'on peut alors porter un autre regard sur la mobilité. La pratique du silence procède de la même démarche. Il ne s'agit pas d'essayer d'en faire l'expérience immédiate, mais d'observer autour de nous comment les gens s'expriment et si ce qu'ils disent méritent d'être dit, de sentir le chatouillement dans notre gorge chaque fois que nous avons envie de parler. De la même façon que le silence nous apprend à mieux évaluer la parole avant de faire l'expérience réelle du silence, l'immobilité nous apprend à mieux évaluer le mouvement avant de vivre l'expérience du repos transcendant.

On ne peut donc faire l'économie d'un corps immobile si l'on veut se mettre à l'écoute intime des rythmes profonds qui nous habitent. Lorsque ce processus a été bien assimilé, nous allons pouvoir déployer les mouvements à partir de ces rythmes conscients. Peu à peu, l'intelligence de ces rythmes nous fait également pressentir leur présent à l'extérieur du corps. Dès lors, ce qui apparaissait comme un décor devient vivant.

« FAIRE DIEU »

Notre corps devient-il alors celui de l'univers ?

Le travail corporel n'est pas destiné à éveiller son propre corps, mais le corps du monde. En devenant de plus en plus conscient de son corps, on découvre que les rythmes ne s'éveillent pas en nous mais dans le monde. Le but d'un travail corporel n'est pas d'éveiller le corps mais d'éveiller le monde pour lui donner sens et beauté. Vivre dans un monde vivant. C'est pour l'homme la seule façon d'amener une conscience respectueuse de l'environnement et de son prochain. Cela éveille en nous le sentiment de respect qui finalement devient amour et compassion.

L'expérience de l'éveil nous fait découvrir que nous sommes une partie de ce monde vivant en constante évolution. Elle fait naître dans notre cœur un sentiment de responsabilité en tant que co-créateur, d'où l'impérative nécessité de « faire Dieu ». Dans la tradition juive, selon la Kabbale et le Talmud, il est clair que le seul péché qui existe, c'est de ne pas participer à l'œuvre de la création, la Grande Création consistant à participer à l'avènement de Dieu dans le monde. « Il est temps de faire Dieu », dit un psaume. On prend alors conscience que notre destinée d'être humain ne consiste pas seulement à croire en Dieu, ni à pratiquer tel ou tel rite pour s'identifier à Lui, mais de « faire Dieu » et d'aller dans le sens de cet accomplissement. S'éveiller au monde vivant, c'est à la fois être témoin et acteur responsable. Voilà ce qui distingue les êtres qui participent à l'évolution du monde et ceux qui se laissent porter par les épiphénomènes de l'histoire.

Les conducteurs du réel conduisent le Grand Processus, le char, comme l'exprime si bien la tradition juive. Ils sont les modèles authentiques et leur caractéristique universelle est l'humilité. Plus nous laissons passer en nous cette Réalité, plus nous sommes conducteurs de son processus de déploiement, dans l'humilité, l'effacement, la modestie. Face à cette si vaste Réalité, on ne peut que rester agenouillé, anonyme. Désormais, il est impossible d'être dans une situation de manipulation de l'autre, seule s'impose la compassion.

La caractéristique de la conscience c'est l'humilité. L'humilité vient d'humus, cette poussière à laquelle nous allons retourner. On est d'autant plus le sel de la terre qu'on est près de la poussière dont on est issu.

Chapitre 12

L'effort et la grâce

Dans l'Antiquité, le corps se trouvait magnifié, comme chez les Grecs par exemple qui privilégiaient les soins à son égard et les exercices sportifs pour développer sa prestance. Nous avons gardé cet héritage en le caricaturant toutefois à travers la compétition à outrance et les dopages consécutifs qui n'ont plus rien à voir avec l'esprit des origines. Ne serait-il pas temps de retrouver une véritable hygiène du corps et de l'esprit ?

Dans la Grèce antique, le corps de l'athlète était frotté d'huile pour mettre sa musculature en valeur ou lui éviter d'être ceinturé par l'adversaire. Mais, en vérité, l'huile est un symbole profond. C'est la graine pressée, et la graine, c'est le corps (dans la Bible, l'olivier est lié au Saint-Esprit). La présence de l'huile sur le corps n'est-elle pas une invitation à vivre l'expérience de l'esprit ?

L'usage de l'huile pose une question essentielle, celle de son origine. L'athlète incarne au plus haut niveau l'effort et la sueur nécessaires à son accomplissement. La sueur, mélange d'eau, de sel et d'acides gras, est en fait une huile qui sort du corps. Il y a un lien profond, consacré par l'Esprit-Saint, entre l'huile, expression de la grâce, et la valeur de l'effort pour exprimer cette grâce à travers le corps. La présence, dans toutes les traditions, d'une onction ayant valeur sacralisante renvoie à deux termes opposés sur le plan spirituel : la grâce et l'effort. Il y a les partisans de l'une et de l'autre. Pourtant, c'est la grâce qui rend l'effort possible, celui-ci permettant son avènement dans le corps.

Historiquement, la plus grande représentation de ce passage de la sainte sueur dans le corps, c'est le saint suaire, qui aurait été imprégné par l'eau de sudation magique du Christ lors de la Passion. Cette épreuve aurait fait sortir de son corps cette ultime sueur de feu. Il faut d'ailleurs remarquer que le Christ baptise avec de l'huile, avec du feu, avec l'Esprit-Saint alors que Jean ne baptise qu'avec de l'eau. Ce baptême du feu, c'est aussi celui qui oblige à l'effort, au travail sur le feu interne.

LA GRÂCE ET L'EFFORT

Le travail du corps génère une sueur, stigmatisée comme une malédiction quand le Seigneur renvoie Adam et Ève du jardin de l'Éden : « À la sueur de ton visage tu mangeras ton pain. » De quel pain et de quelle sueur s'agit-il ? Dans la Bible, le pain est l'aliment, mais surtout la parole de Dieu, la parole de Vie. Cette injonction montre donc l'effort réclamé à Adam après la chute. Il ne s'agit pas d'une malédiction, mais de la seule véritable occasion de grandir : c'est par l'effort et la transpiration que nous gagnerons notre pain. On retrouve cette symbolique lors du rite de sudation magique effectué dans la sweat lodge par les

Indiens d'Amérique du Nord. Thermes, hammams et saunas en sont les équivalents dans d'autres traditions.

L'huile de coude, les « huiles » évoquant un personnage important, mettre de l'huile sur le feu... autant d'expressions populaires qui mettent en valeur la symbolique du corps huileux et de l'effort à consentir. Le corps devient le lieu de l'avènement et de l'expression de la grâce par l'effort. C'est en cela qu'on ne peut les opposer : sans efforts, pas de matérialisation de la grâce. Le corps ne peut être le lieu de reconnaissance de la grâce en l'absence d'efforts. Le plus extraordinaire dans une expérience spirituelle, c'est que la grâce ne résulte jamais de l'effort : nous prenons alors conscience que la grâce est la nature même de l'effort ; la grâce ne peut être saisie, elle constitue la nature même du geste par lequel nous prétendons la saisir. L'un des premiers enseignements que me transmit Poonjaji fut celui-ci : « La grâce n'est pas le résultat de l'effort, elle est la nature même de l'effort qui veut s'en saisir. » Cette opposition entre grâce et effort, souvent présente dans les cercles spirituels, se résout totalement dans l'effort conscient, illustré par la célèbre phrase du maître zen Dôgen : « L'éveil c'est la pratique, la pratique c'est l'éveil. »

Sous la royauté, lors du sacre, le roi recevait l'huile en neuf points d'onction. Ces neuf points sont en fait la marque de l'esprit sur le corps du roi. Il est messie et missionné, marqué par l'Esprit-Saint dans les neuf étapes de sa vie : les neuf éléments constitutifs de sa conscience circulaire sont marqués par l'Esprit-Saint. On sait que le cercle de la vie est constitué de neuf étapes que l'on retrouve aussi dans les Dix Commandements. Le premier, « Je Suis », est suivi de neuf autres s'adressant à l'homme : « Tu n'auras pas d'autres dieux devant moi. [...] Tu ne tueras pas. Tu ne commettras pas l'adultère. Tu ne voleras pas. [...] » Il y a aussi les neuf béatitudes du sermon sur la montagne, plus celle qui les énonce, la béatitude vivante, le Christ incarné. Dans la tradition des bateleurs, le jongleur suprême est celui qui peut jongler avec neuf balles...

La grande différence entre le baptême de Jean et celui de Jésus, c'est que seul le second avait le pouvoir de remettre les péchés. Car pour guérir, il faut pouvoir hisser la conscience de l'homme là où elle aurait abouti s'il avait résolu lui-même ce que sa maladie vient lui apprendre. La possibilité de guérir avec le saint chrême est la preuve de l'authenticité du sacre des rois de France. Pour la démontrer, les rois thaumaturges devaient imposer les mains sur des malades et les guérir, car l'onction donne le pouvoir de guérison[1].

Il existe donc un lien profond entre l'onction, le baptême de l'Esprit-Saint et la transformation ultime du corps. La capacité de guérison ne peut se réaliser qu'à travers cette métamorphose. C'est lorsqu'un être a véritablement extirpé de son corps le poison de la peur instinctive par l'effort lié à l'huile sainte, à l'Esprit-Saint, qu'intervient la possibilité de guérir. Mais très peu d'êtres témoignent de cet état, à l'exception de quelques grands saints thaumaturges qui ont indéniablement purifié leur corps de la peur inscrite dans le sang. C'est pour cette raison que, dans les traditions juive et musulmane, on ne boit pas le sang de l'animal sacrifié. Le poison — la peur exacerbée de l'animal au moment de la mort — est présent dans son sang. C'est aussi pour cette raison, parce qu'il est teinture du monde, celle du verbe, que le sang du prophète est sacré, transformé par le pouvoir de sa sudation magique. C'est cette teinture, ce sang salvateur, que contient le calice du Graal.

1. Marc Bloch, *Les Rois thaumaturges*, Gallimard, 1983.

L'autre aspect intéressant de l'huile, c'est ce qui se rattache au parfum, aux huiles essentielles, et par là à l'odeur de sainteté. Les corps qui ont été huilés par l'opération de l'Esprit-Saint meurent en odeur de sainteté. De nombreux miracles témoignent de cette odeur particulière, de ce parfum qui émane du corps de tel ou tel saint sur lequel l'huile sainte a fait son office.

SACRALISER LE CORPS

Cette manière de voir le corps nous oblige à considérer l'Esprit-Saint de façon plus complète, sous un aspect plus corporel qu'abstrait et spirituel, et à incarner la grâce par l'effort conscient. Le corps ne ment pas. Il est le lieu où nous serons tôt ou tard confrontés à cette vérité essentielle : bien que nous puissions nous réfugier à l'intérieur de notre corps, la réalité de ce dernier n'est pas d'être solitaire, elle est d'être solidaire. Dès que nous pénétrons l'intimité de notre corps, nous prenons conscience de la solidarité universelle, de la relation avec le Tout. Celui qui travaille avec son corps sans être guidé peut persister dans la solitude pendant des années ; un jour, cependant, il prendra conscience de l'intelligence du corps. Nous avons déjà vu que, dans sa structure même, le corps est un système d'échange organisé autour de la relation. L'actualisation de l'huile sainte de la grâce à travers l'effort ne peut être réalisée dans un corps seul. La sueur est toujours l'expression d'une friction : nous avons besoin des autres pour entrer en friction avec eux et actualiser la sueur du travail. Dès qu'on entre en relation d'intelligence avec le corps, celui-ci nous révèle qu'il n'est pas un corps isolé, mais un corps de relation. L'intelligence qui a généré les corps les a créés pour qu'ils entrent en relation, et c'est par celle-ci que se révèle le principe de cette intelligence, le projet commun qui fait que nous communiquons. Toute personne qui s'adonne à un travail corporel authentique en vient à ne plus pouvoir penser le corps en tant que solitaire, à se sentir obligée à l'autre.

Dans la tradition juive on évoque deux circoncisions. L'une, symbolique, ôte le prépuce du cœur pour permettre à l'homme de reconnaître Dieu. L'autre, physique, est effectuée sur le sexe du garçon qui, à l'âge adulte, par cet organe, en s'unissant à la femme, pourra créer l'unité sur le plan humain. Cette circoncision nous oblige encore à une relation à l'humain. En ôtant le prépuce pour permettre l'entrée en relation authentique avec l'autre, on fait de la sexualité une polarité consciente. C'est, selon moi, l'un des sens profonds de la circoncision. Elle marque une des étapes de la vie au moment de la puberté sexuelle : l'enfant va devoir entrer dans le monde des hommes. Tout son apprentissage de la Torah se fera entre cinq et sept ans, au moment où se constitue en lui le moi cognitif. Jusqu'à l'âge de douze ans son père le prend en charge et il devient « fils de la loi ». Dès lors, il entre dans la communauté des hommes. Logiquement et traditionnellement, la circoncision devrait se faire au moment où il entre en commerce réel avec les humains. C'est pour le lui signifier que le prépuce est retiré, car c'est par lui qu'il est en relation avec l'autre. Il est plus facile de s'extraire complètement de la relation en essayant de développer à côté un corps mythique coupé du réel que de la discipliner pour en faire une relation consciente de croissance. C'est pourquoi la tradition juive oblige à la relation. Toute la tradition hassidique en est le témoignage ainsi que l'exprime la dialectique de

Martin Buber : « Je et tu » — « Je » étant le « Je Suis » du premier commandement et « tu » la créature.

LA FRICTION

On parle beaucoup aujourd'hui, à tort et à travers, de tantrisme, d'éveil de la kundalinî, d'énergies subtiles : quel est le rapport de ces concepts orientaux avec ce que vous venez de développer au sujet de la sacralisation du corps ?

On découvre que dans le corps est présente cette polarité intérieure de l'énergie et que par la friction, c'est-à-dire la relation activée de ces deux énergies, il est possible de créer la relation énergétique interne, ou troisième énergie, qu'en Inde on appelle kundalinî. Elle s'engage dans le nadi sushumna, le canal subtil médian issu de la friction du canal solaire et lunaire des deux énergies ida et pingala. Cette friction provoque l'ouverture du canal médian et la montée de la kundalinî qui est en fait le feu de la relation consciente. Ce que l'on sait moins, c'est qu'en éveillant cette énergie on accélère le processus de croissance. C'est pour cette raison que l'étymologie du mot hatha yoga peut être analysée dans le *nirukta* (mot sanscrit qui désigne l'analyse des mots par syllabes). Ha et Tha, c'est la friction de l'énergie solaire et lunaire, donc la naissance d'une troisième énergie et sa maîtrise. Un autre sens est celui de la voie de l'union par l'effort violent à l'intérieur du corps, effort qui va accélérer un processus au demeurant naturel chez tout un chacun, celui de la croissance à travers l'activation de l'énergie. L'activation induit tous les processus qui s'y rattachent, pas uniquement ceux de la conscience spirituelle, mais aussi les phénomènes chimiques, endocriniens, hormonaux, nerveux, électriques... ainsi que les processus mentaux liés aux archétypes. Il est capital de prévenir celui qui souhaite pratiquer une activation de conscience que celle-ci va générer dans son corps des transformations hormonales, endocriniennes et autres qui, s'il a vingt-cinq ou trente ans, vont lui faire vivre des modifications qu'on vit habituellement à quarante, voire cinquante ou quatre-vingts ans ; peut-être y réfléchira-t-il à deux fois. Si le corps n'est pas capable d'intégrer ces transformations, des problèmes graves risquent de surgir, et c'est d'ailleurs souvent le cas : on vit d'un coup une expérience au niveau de la conscience, qu'on est incapable d'intégrer dans son corps. De même, lorsqu'on crée des modifications au niveau du corps, il faut être prêt à les intégrer au niveau de l'esprit. Un esprit jeune est rarement capable d'intégrer une modification qui devrait survenir à quarante ou cinquante ans. Certaines femmes connaissent par ces pratiques des transformations hormonales si intenses qu'elles en sont prématurément ménopausées ; pratiques d'autant plus injustifiées que, d'après les sources tantriques anciennes, les femmes n'ont pas de kundalinî, elles sont la kundalinî. De même que dans la tradition juive la femme n'étudie pas la Torah, elle est la Torah.

LES DANGERS DE LA VOIE

Dans la Kabbale, on ne transmettait jamais la connaissance à un homme de moins de quarante ans, le jugeant trop jeune pour intégrer et incarner au quotidien le vécu de ses expériences. En Inde, un authentique maître de kundalinî n'enseignera qu'à celui qu'il reconnaît capable de pratiquer une telle voie. Il en est de même dans la tradition chamanique. Nous ne pouvons tous être chamans, surtout au bout d'un stage d'une semaine. Rares sont les êtres capables de devenir des maîtres du feu et du temps, ce rôle n'est pas destiné à tous. Le chaman doit intégrer en lui le travail du feu, souvent jusqu'au sacrifice. Alors seulement il pourra transmettre aux hommes et vivifier les rites tribaux qui marquent les passages d'une époque à l'autre de la vie. Il est celui qui connaît les passages, les gués, les enseignements qui font tourner la roue et guident l'homme vers sa dimension universelle. À ce titre, il est indispensable à la société. Dans les sociétés traditionnelles, ces enseignements sont préservés et transmis à ceux qui sont destinés à cette fonction. On dit toujours que, dans la transmission, la grande erreur à ne pas commettre est le don d'indignité, autrement dit donner à celui qui n'est pas compétent.

À la Pentecôte, la descente des langues de feu symbolise l'Esprit-Saint donné aux apôtres. Or le rôle des apôtres n'est pas de faire d'autres apôtres, mais des chrétiens. S'il est des êtres destinés à nous transmettre ces connaissances, c'est pour accompagner notre grandir à travers les différentes étapes de la vie. Ils ne sont pas dans une mendicité affective, dans une relation de dépendance au niveau de l'amour. Toutes les quêtes sauvages d'apprentis sorciers sont une marque de la fin des temps ; derrière, il n'y a que de l'avidité, comme l'exprime si bien l'écrivain Christian Bobin : « On voit des êtres qui parlent aux autres et qui ont une façon de parler en disant aimez-moi, aimez-moi, alors que celui qui est véritablement le témoin dit aimez-vous. »

On ne peut pas espérer grandir auprès de pseudo-instructeurs se trouvant dans une totale dépendance affective, ayant besoin des autres pour exister. Un véritable instructeur n'a pas besoin de l'autre, c'est pourquoi il peut le guider, lui dire ce qu'il n'a pas envie d'entendre, lui montrer ce qu'il ne veut pas voir. Le guide, le maître, l'instructeur, va toujours nous obliger à grandir en nous confrontant à l'étape de la vie dans laquelle nous nous trouvons et à laquelle nous devons faire face. Celui qui se met à l'écoute de son corps y retrouvera les étapes de la vie. Le corps ne ment pas. Un enfant de dix ans ne peut franchir la barre placée à l'intention d'un homme de vingt ans. À quinze ans, on ne lui parlera pas de choses dont on parle avec quelqu'un de cinquante ans. À cet âge, plutôt que de se contraindre à méditer, mieux vaut s'occuper à jouer, à danser, à découvrir les premiers émois amoureux. Aujourd'hui, les gens n'ont aucune conscience de la différence qu'il y a entre la destinée d'un chaman ou d'un homme éveillé et celle de l'humanité et de l'espèce, qui est de grandir à chaque étape de la vie jusqu'à l'ultime, d'honorer la naissance par une mort illuminée.

Chapitre 13

L'intégration de l'éveil

SÉDUCTION ET CONDUCTION

Comment reconnaître un authentique instructeur d'un faux ?
Comment, dans la quête spirituelle, ne pas se faire posséder
par les charlatans, à quelque confession qu'ils appartiennent ?

Chez celui qui enseigne ou possède un charisme, il existe
un double processus. L'un de séduction, l'autre de conduction. L'homme ou la femme inspiré par le divin et doté de
charisme est porté à témoigner et à partager son vécu profond. L'expression verbale et corporelle permet de mesurer
le niveau d'intégration de ce vécu et de se poser la question : « Subsiste-t-il encore un processus de séduction ? »

Même si son authenticité originelle ne peut être mise en
doute, et quelle que soit la conscience qu'il met dans la
relation, l'instructeur sent à un moment donné qu'il est en
train de mettre la jolie fille sur le capot de la Rolls — qu'il
use de séduction — alors que la relation se suffit à elle-
même. Celui qui est libre n'est plus habité par l'image de
lui-même. Il n'a plus besoin de reconnaissance et encore
moins d'entrer en relation avec l'autre pour abolir un
sentiment de solitude. Il est conducteur de la Réalité et

témoigne, en se mettant à la hauteur de la personne qu'il a en face de lui. Cet échange est facilité si celui qui transmet fonde sa pédagogie sur la compassion et la purification profonde de sa structure émotionnelle. On est d'autant plus pédagogue que l'on est compatissant, car on se situe alors au niveau de la souffrance de l'autre. Là réside la grande différence entre celui qui cherche à séduire et celui qui enchante par la magie opératoire du Verbe vivant, en conduisant la personne à ressentir cette transparence au fond d'elle-même.

Témoin et conducteur du Réel, l'instructeur donne plus qu'une simple présence ; il transmet, par la structure même de sa présence, les outils de transformation qui vont accomplir l'enchantement chez celui à qui il s'adresse. L'instruit, ayant reconnu ces outils, les adopte et se consacre au travail de transformation, que le maître ne peut évidemment faire à sa place. En agissant de la sorte, l'instructeur spirituel révèle le degré d'intégration de l'éveil auquel il est parvenu. Si la part de séduction a disparu, c'est propre, net, seule demeure la conduction.

LE PROCESSUS DE L'ÉVEIL

On peut relier cela au processus d'intégration progressive de l'éveil dans les différents niveaux de la conscience. Quand un être vit un véritable éveil, il le vit de façon absolue : il n'y a pas de demi-mesure dans ce domaine. Pendant une période plus ou moins longue, cette qualité d'éveil a la capacité d'abolir toute obstruction. Ensuite, il faut un certain temps pour que l'éveil soit totalement intégré aux niveaux du mental (pensées), du cœur (émotions) et du corps (sensations). Au cours du processus de l'éveil, tout ce qui est psychologique, affectif, instinctif est totalement purifié, transfiguré. Ensuite, c'est comme si la mer se retirait. Commence alors un long processus d'intégration aux différents niveaux de la conscience, sur un chemin qui va du plus subtil au plus dense.

Si le niveau le plus subtil apparaît comme le plus insaisissable, c'est cependant le plus accessible à la transformation ; celle-ci commence au niveau mental. L'éveil extirpe le doute, premier poison du mental. Au fur et à mesure que l'éveil s'intègre au niveau psychologique, le doute disparaît, sans être pour autant remplacé par son contraire — la conviction, ou la certitude —, car la qualité fondamentale de l'éveil c'est de ne pas connaître le contraire. Il ne connaît que l'évidence, qui engendre la vision non duelle de sagesse, de non-séparation. Ce qui signe cette intégration de l'éveil au niveau de la conscience psychologique, c'est la disparition de l'image de soi : celui qui a déjà intégré l'éveil à un niveau psychique, symbolique ne défend plus aucune image de lui-même ; le doute a quitté le mental, l'instructeur vit dans une évidence. C'est le niveau d'intégration de l'éveil le plus fréquent chez un instructeur spirituel.

Le doute extirpé, l'éveil pénètre le deuxième niveau de la conscience, celui du cœur et des émotions. De la même façon, celles-ci ne vont pas être abolies, mais s'accomplir en sentiments. En s'intégrant de plus en plus profondément dans la zone émotionnelle, l'éveil éradique la colère. Il ne la remplace pas par le calme, mais par la compassion. Seul celui qui a intégré cette dimension peut « souffrir avec », et se mettre au niveau de chacun des individus auxquels il s'adresse. Il n'est pas au service d'un éveil, mais au service de cette Réalité qui habite le cœur de la personne qui vient le voir. Il est véritablement un serviteur du Réel, donnant exactement ce dont l'autre a besoin. Là s'affirme la différence entre séducteur et conducteur. Celui qui dépend encore de l'image de lui-même — n'ayant pas intégré l'éveil au niveau mental ou affectif — est incapable de compassion réelle. Il peut avoir des intuitions justes, des inspirations, mais s'il n'a pas intégré l'éveil, il n'est pas complètement structuré. Dans une filiation traditionnelle, un maître ne demande jamais à un de ses élèves dont ce serait la vocation d'enseigner s'il n'a pas intégré cette qualité de conscience. Là réside la grande valeur de la transmission.

Le degré le plus profond d'intégration de cette conscience se situe enfin au niveau physique. Lorsque la conscience d'éveil intègre la modalité physique de la conscience, elle rencontre la peur, le troisième poison, celui qui est inscrit dans le corps. Il s'agit de la dernière grande transformation. Vivre l'éveil donne la conscience de la Réalité mais ne libère pas de la peur. De la même façon qu'au niveau mental il y a eu la disparition du doute et au niveau affectif celle de la colère — disparitions sanctionnées par l'effacement du sentiment de solitude et de séparation —, l'intégration sur le plan physique va faire disparaître la peur — disparition sanctionnée par la mort de l'identification au corps. C'est la mort de la peur de la mort ! Il s'agit de l'ultime intégration de l'éveil. La peur est alors convertie en joie et connaissance. Chez ceux, fort rares, qui intègrent ce niveau, se produisent des transformations énergétiques qui présentent des capacités de guérison. Lorsque l'image de soi est éliminée par l'extirpation du doute et que le sentiment de solitude l'est au niveau émotionnel par l'abolition de la colère, les modalités de la peur psychologique et affective disparaissent. Seule subsiste la peur archaïque tant qu'elle n'a pas été extirpée au niveau physique. Être libéré du doute puis de la colère sont des étapes fondamentales dans l'évolution d'un homme, mais il n'y a de plénitude que par la complète disparition de la peur instinctive et sa conversion en connaissance, ou plutôt en inconnaissance joyeuse.

Vous nous avez parlé de votre éveil. Mais celui-ci ne se poursuit-il pas dans une succession d'éveils ? Le maître zen Deshimaru se moquait toujours des Occidentaux en quête d'éveil ; il disait : « Ils veulent tous le satori, l'illumination style palais de Versailles, mais ils ne savent pas qu'il existe des tas de satori, des petits, des gros, des moyens... La vie est une succession de satori plus ou moins forts. » Qu'en pensez-vous ?

On croit à tort que l'évolution humaine s'achève dès lors qu'advient l'éveil. En réalité, elle ne fait que commencer. Lors de l'éveil, l'individu vit l'intégration de ces trois niveaux simultanément. Il vit l'expérience totale de l'éveil intégré ; s'il possède une sensibilité particulière de sa destinée, il voit clairement quelle est sa tâche et ce que le destin attend de lui — ce qu'il lui réclame d'accomplir.

Dans cet état de conscience, le plus passionnant c'est qu'on n'éprouve plus aucune peur sur le plan physique. Elle est totalement abolie. Il n'y a plus aucun doute, seule demeure la compassion pure. Mais on représente un danger car, bien que vivant cet état de manière parfaite, on est absolument incapable de cerner le degré de réceptivité des gens avec qui l'on se trouve. L'homme vivant cet état témoigne d'une telle intensité qu'il n'a alors aucun sens de la limite de l'autre ; le maître a le devoir de le tempérer.

Quand cela s'est produit, j'étais loin de mon maître. Entre cette ébriété de l'état d'éveil et la sobriété de la mesure, quelques années sont nécessaires.

Le travail effectué avant que l'éveil ne se produise est très utile pour le futur processus d'intégration. Cependant, si l'éveil est vécu auprès de l'instructeur, il est probable que celui-ci s'efforcera d'en modérer les manifestations. Lorsque des personnes montrent des symptômes assez importants d'ouverture de la conscience, chez la plupart d'entre elles je pressens la nécessité d'une très grande réserve, de ne pas se laisser emporter par le sentiment euphorisant qui monte et balaye toute mesure. Une longue intégration doit précéder l'accès à ce que les soufis appellent la « sobre ivresse ».

Lorsque nous nous trouvons auprès d'un instructeur, il est intéressant d'observer le mode sur lequel il fonctionne. L'intégration de ces trois niveaux est fort rare, car elle dépend de la manière dont l'individu a vécu les étapes successives de la structuration de sa propre conscience. Comment le moi instinctif s'est-il mis en place ? Comment le moi affectif et psychologique s'est-il cristallisé ? À moins d'appartenir à un milieu religieux ou à une communauté très structurée, peu d'éléments sont transmis par la société ou légués par les parents, qui permettraient de faciliter ces grands moments de transition d'un âge à un autre, correspondant à des structurations profondes de l'individu. Comment le moi physique, affectif ou psychologique se met-il en place ? Comment la polarité sexuelle se précise-t-elle ? Lorsqu'on aborde chacune de ces phases, on en est la plupart du temps réduit à improviser, car on ne reçoit plus, à travers les rites d'initiation, les éléments qui permettent d'effectuer une transition sereine d'un âge à l'autre.

À chaque âge de la vie correspond une nourriture. Dès l'adolescence il est important de prendre conscience de ce que représente l'alimentation — quel type d'aliment on ingère et pourquoi. Il est évident qu'il y a une évolution dans l'intégration des différents règnes de la nature. L'alimentation correspond à une forme d'initiation à ces règnes. En toute logique, le règne supérieur intègre tous les règnes inférieurs : en mangeant de la viande, l'homme absorbe les autres règnes déjà convertis par l'animal. Il est difficile d'imposer d'emblée une alimentation végétarienne à quelqu'un qui mène une vie active dans la société. Lorsqu'on suit un enseignement spirituel, on devrait en premier lieu être sensible au travail, à la pratique, à la manière dont on convertit un événement pour en faire une occasion d'évolution. Le comportement fréquent du chercheur spirituel consiste à rechercher systématiquement les circonstances favorables, les situations « aidantes » qui, de façon subtile et détournée, le dispensent d'un travail de transformation réelle. Plutôt que d'être victime d'une situation, pourquoi ne pas en être le disciple, ne pas en faire une occasion de grandir, une aubaine pour la conscience ? En prenant une nourriture très pure, on se rend complice de ce mécanisme : la nourriture devient une circonstance favorable qui entrave le travail de transformation intérieure. Manger de la viande fait en quelque sorte figure d'initiation. Il faut absolument convertir la nature animale à l'intérieur de soi, et l'alimentation nous fournit un bon moyen de le faire. À une époque de la vie, quand on est dans la voie du monde, il faut manger de la nourriture carnée pour la convertir en soi. L'animal nous provoque au niveau affectif profond, parce que dans notre univers il incarne l'émotion. D'une certaine façon, il témoigne de ce qu'était l'homme pré-mental, dominé par l'instinct et l'émotion, incapable de représentations mentales. Ce n'est pas un hasard si l'on offre des animaux en peluche aux enfants (au stade de la cristallisation affective) et des animaux de compagnie aux vieillards (au stade de la décristallisation affective). Entrer en contact avec l'animal, c'est se mettre en relation avec le monde des émotions.

L'alimentation carnée est une initiation qui, chez l'homme, correspond à un règne de conscience. Il est capital d'absorber cette alimentation pour la convertir à l'intérieur de soi, puis dans son comportement. On découvre ainsi l'aberration d'une obligation de suivre tel ou tel régime, non seulement du point de vue des âges de la vie, mais aussi du point de vue initiatique, du point de vue de notre évolution profonde. La personne qui vit dans la contemplation, sortant ainsi de la roue des naissances et des morts, peut concevoir une alimentation très éthérée. Mais celui qui vit dans le monde, au cœur de la roue, doit convertir les situations en occasions de travail et de croissance de conscience. Il est essentiel d'accepter la grande loi du sacrifice — manger et être mangé — et de s'alimenter d'une manière qui soit une véritable initiation aux différents règnes de la nature, aux différents modes de la conscience. Consommer de la viande, c'est convertir l'animal en soi, et par conséquent se confronter à la capacité de sacrifier véritablement celui-ci, symboliquement ou réellement. Entrer dans ce processus, c'est honorer l'animal sacrifié dans la façon non seulement dont il va être tué, mais aussi préparé, mangé et converti. Que vais-je faire de ce que j'ai absorbé ? Quel acte vais-je accomplir ? C'est ainsi qu'on entre dans la grande loi du monde, qu'on honore véritablement le monde.

Vous nous avez longuement parlé de votre expérience de l'éveil. Quels sont les derniers conseils que vous donneriez sur ce sujet aux aspirants de la voie spirituelle ? Des conseils de bon sens ?

Le plus important, dans l'expérience de l'éveil, c'est moins de la vivre que de l'accueillir, de l'intégrer et de la contenir en soi. On connaît les moyens de provoquer une telle expérience, mais si l'on n'y est pas préparé, elle peut causer des désagréments, tant sur le plan physique qu'affectif ou psychique. Si l'individu n'a pas œuvré pour s'y rendre perméable, cette expérience intime ne perdure pas, car le terrain n'est pas encore propice, de même qu'elle s'évanouit si l'on cherche à s'en emparer, à se l'approprier. D'où l'importance d'une grande vigilance, d'une maturité intérieure, sans oublier celle du maître spirituel, seul capable de dénoncer toute forme de récupération par le mental. Il ne figure d'ailleurs là qu'en tant qu'intérimaire, sa seule fonction étant de remplacer une faculté, son seul rôle consistant à la révéler au disciple.

L'éveil tel qu'il est révélé depuis des siècles par les différentes traditions spirituelles relève plus de la redécouverte de la faculté d'aimer de manière non égoïste que de la grande illumination. En réalité, il s'agit de l'éveil de cette voix de la conscience, du maître intérieur. Lorsqu'elle est mise au jour, elle fait office de guide, mais il convient de ne pas la confondre avec toutes les injonctions des différents personnages égocentriques, des différentes autorités qui sommeillent en nous et auxquelles nous nous soumettons par peur, par intérêt, sans voir toutes les stratégies d'égoïsme et d'infantilisme qui se cachent derrière ces injonctions.

ALLERS ET RETOURS

Dans une voie spirituelle traditionnelle, le grand œuvre consiste à sortir de la condition ordinaire dans laquelle

nous nous trouvons pour vivre quelque chose de plus
essentiel, de plus vrai, de plus conforme à notre réelle
nature humaine. L'ascèse que réclame ce travail n'a qu'un
but : permettre d'intégrer et de demeurer dans cette qualité
d'éveil à la Vie. À première vue, cela paraît simpliste, mais
les traditions hébraïque et chrétienne attachent toutes deux
une grande importance à ce qu'elles évoquent fort bien par
la même expression d'« aller et retour ».

La discipline spirituelle a le pouvoir de nous faire accéder à une autre qualité de conscience, mais aussi celui de
nous extraire de notre condition ordinaire par la structuration de notre conscience. Au cours de l'évolution spirituelle, on se défocalise de cette expérience transcendante.
Le centre d'intérêt se porte sur ce véhicule, ce réceptacle
qu'est le corps, afin de lui permettre de l'accueillir et de
l'intégrer par l'ascèse. L'étape la plus passionnante arrive
lorsque ce travail ne vise plus à provoquer une expérience,
ni même à se structurer pour l'intégrer : on prend alors
conscience qu'il est sa propre finalité. Au cours des allers
et des retours, notre véhicule s'est transformé. Dès lors,
une intégration réelle se produit, mais elle n'est le résultat
d'aucun effort : elle est la nature même de l'effort qui tend
à s'en saisir.

Selon les dispositions de chacun, une évolution plus ou
moins longue a été nécessaire pour y parvenir : d'abord un
travail qui visait un but, pour finalement s'apercevoir que
celui-ci n'était pas l'expérience en elle-même — puisqu'on
peut la provoquer sans être capable de l'intégrer et de la
contenir ; ensuite un travail de structuration du véhicule
où a lieu cette expérience — c'est le travail de retour, la
sortie étant l'expérience transcendante —, pour prendre
conscience que l'effort lui-même constitue la nature de ce
qu'on cherchait. D'un seul coup, l'acte qui se distinguait

des actes quotidiens vient se confondre avec eux. Tant qu'on lui accordait une spécificité capable de produire un résultat ou d'infléchir la nature du véhicule pour que l'expérience puisse s'y intégrer, on sacralisait cette action en lui donnant une valeur plus spirituelle, plus énergétique. Mais lorsqu'on découvre que ce qu'on cherchait était la nature même de cet acte, l'expérience de l'éveil éclaire brusquement tous les actes de la vie quotidienne, du plus sacré à celui considéré à tort comme le plus banal. En réalité, le processus d'éveil est présent en permanence mais, peu soucieux de découvrir notre véritable nature, nous sommes trop peu réceptifs pour qu'il agisse en nous.

LE GRAND SECRET

La discipline spirituelle n'a d'autre but que de rendre agissant en nous le processus d'éveil. Lorsqu'on souhaite vivre cette expérience, l'erreur est d'attendre quelque chose de bien, de beau, et de vouloir à tout prix l'accueillir à bras ouverts. Le grand secret, c'est en fait de lui tourner le dos ! On ne peut entrer dans le processus agissant de l'éveil qu'en cessant de le voir en terme d'absolu. Toute la subtilité du processus consiste à aller dans le même sens que l'éveil en prenant le risque de ne pas le voir. Au moment où vous lui tournez le dos, vous passez dans l'inconscient. Voilà pourquoi il s'agit d'un processus souterrain. Au moment où nous tournons le dos, nous commençons à voir ce qui se trouve devant nous. C'est la conversion ! Nous nous plaçons dans le bon sens, nous développons une relation à l'éveil qui est une relation d'identité, de direction, de déploiement. Par un travail approprié, il va y avoir un accompagnement beaucoup plus conscient de ce processus agissant qu'est l'éveil, si bien que lorsqu'il nous traverse vraiment, nous devenons non pas « éveillés » mais « processus éveillant », pour la simple raison que nous sommes dans le même sens. Au contraire, lorsqu'on regarde cette réalité en cherchant à l'accueillir à bras ouverts, on fait écran. En lui tournant le dos, on lâche quelque chose, et d'un seul coup ce processus peut s'accomplir. Dès lors, nous devenons un relais.

Quand ce processus débute, il se fait à notre insu, mais quelque chose advient dès que nous prenons le risque de tourner le dos à notre fonctionnement habituel. En réalité, ce que nous appelons l'éveil est un processus en différé de ce qui a déjà eu lieu. Le corps étant son lieu de reconnaissance, nous en prenons conscience du fait de sa conductivité. Seul l'homme peut en prendre conscience, les autres éléments de cette terre n'ont pas la structure nécessaire permettant l'appréhension de cette réalité transcendante.

Dès qu'il est conducteur de cette énergie, par un processus de reconnaissance personnelle, l'homme devient le lieu de reconnaissance de cette Conscience. Il découvre qu'il n'est séparé de rien, que le petit est à l'image du grand : c'est l'avènement d'un processus beaucoup plus vaste, l'illumination cosmique par laquelle on devient le lieu de reconnaissance de l'univers lui-même. Pour la première fois, on sent le sens véritable et profond de la vie, mais aussi la conscience d'un ordre aimant. Alors se fait jour une responsabilité à l'égard de la création tout entière, et cette responsabilité anime le comportement quotidien. Elle passe obligatoirement par l'autre. Celui qui vit cet état n'est jamais centré sur lui-même ou sur une réalité abstraite. Animé d'un sentiment naturel de solidarité, il est profondément concerné par tout ce qui vit et par le « grandir » réel de la vie. C'est pour cette raison que l'enseignement ultime des grands sages est l'amour du prochain. On finit même par s'apercevoir que c'est le seul enseignement de la vie, car tout est profondément lié dans un même « grandir », et cela ne peut s'accomplir qu'ensemble. Celui qui le ressent ne peut désormais être autre chose que charité vivante à l'égard de son prochain. C'est la marque du véritable éveil, bien plus que la capacité de discourir sur la nature de la réalité ou des expériences transcendantes.

La compassion qui anime un tel être ne correspond pas toujours à nos critères, empêtrés que nous sommes dans les revendications de victimes qui ont besoin qu'on s'occupe d'elles — il s'agit là de pitié, laquelle n'a rien à voir avec la miséricorde ou la compassion. La compassion consiste parfois à se montrer impitoyable pour obliger l'autre à la réalité d'un processus au lieu de l'accompagner dans les rêves de ses revendications égoïstes.

L'éveil, ce n'est pas cette capacité de « toucher » au métaphysique, mais avant tout me demander si mon éveil a un cœur et ce qu'il apporte à mon humanité, à ma relation aux autres, à ma femme et à mes enfants. Lorsque j'ai les yeux fermés, quel est le sentiment qui m'anime à l'égard de l'univers ? Ce ressenti n'est pas établi d'emblée ; il se transforme et devient la constante de ma vie. Au cours de cette transformation, il devient la voix de ma conscience, puis tout mon quotidien. Il est alors impossible de m'extraire de cette qualité. Là réside la valeur de l'éveil.

Chapitre 14

Le souci de l'humain

*Pourrait-on aborder le rapport entre spiritualité et politique ?
Notre culture occidentale moderne tourne le dos à la spiritualité, aussi voit-on des gens vivre leur spiritualité dans leur
coin, comme s'ils créaient une oasis autour d'eux, en se désinté-
ressant du contexte social de leur pays. Cette attitude est-elle
légitime ?*

On peut concevoir de se mettre un temps à l'écart d'un
contexte social actif pour approfondir une connaissance de
l'intime de soi-même, qu'il n'est pas facile d'obtenir quand
on est engagé dans ce qui apparaît trop souvent, il faut
bien le dire, comme une forme de frénésie entre produc-
tion et consommation. La question est de savoir s'il est
sain et normal de rester toujours à l'écart. Cela oblige en
fait à se demander pourquoi on se met à l'écart dès le
départ. Est-ce vraiment pour faire grandir en soi quelque
chose, ou bien est-ce en réaction, en condamnant ce qui
est là ?

Il ne faut pas confondre la société et ce que, spirituellement, on appelle mâyâ. L'erreur vient peut-être d'une

confusion entre le monde, la société, les articulations politiques de la vie sociale, et ce que la spiritualité appelle mâyâ ou, en d'autres mots, notre réaction au monde et l'illusion et la souffrance qu'elle engendre. Si la spiritualité c'est dénoncer mâyâ, l'illusion, il faut aussi dénoncer notre interprétation approximative de la mâyâ. La société peut ne pas être qu'illusion, et la vie spirituelle devrait au contraire nous réconcilier avec le monde en même temps qu'avec nous-mêmes, en nous faisant vivre le monde de façon différente.

On peut donc concevoir un engagement dans le monde si on reconnaît dans celui-ci quelque chose qu'on n'y voyait pas avant. Tant qu'il existe en nous une confusion qui fait que la société est mâyâ, et qu'on veut s'en couper, on n'aura jamais de raison d'y revenir. Il faut bien qu'il y ait quelque chose en nous qui reconnaisse que le monde, la société, n'est pas seulement mâyâ, qu'il y a quelque chose dans le monde qui vaut que l'on vive pour cela. Tant qu'on fera la confusion entre mâyâ et société, on opposera monde et spiritualité.

Voulez-vous préciser ce que vous appelez mâyâ ?

Je crois que le plus simple est de dire que mâyâ est ce qui n'a pas de réalité. Si je prends au pied de la lettre que le monde dans lequel je vis n'a aucune réalité, toute forme d'engagement devient inutile. Si j'appelle mâyâ le fait de reconnaître que le moi n'a pas de réalité, quelque chose d'autre peut apparaître. S'approprier un acte à travers un résultat, c'est cela la mâyâ, mais ça ne nie en rien la réalité de l'action. Le fait de mettre en avant que c'est le moi qui est mâyâ enlève de la réalité à la personne en tant qu'être séparé, mais accorde de la réalité au jeu des relations, des interdépendances entre tout ce qui contribue à l'existence du monde.

L'engagement relève d'une reconnaissance d'un ordre dans ce jeu des interdépendances. Il n'a de sens que s'il n'est pas fait en vue d'un bénéfice personnel, mais au service de cet ordre dans le jeu des interdépendances, des sacrifices mutuels, qui fait que tout grandit — parce que tout se nourrit de façon interdépendante. Si un élément d'un écosystème veut vivre seul, c'est la fin du système tout entier. Le problème de l'homme est un peu celui-ci : vouloir, au sein d'un vaste écosystème, s'approprier une existence qui grandit sans se soucier du reste, qu'il s'agisse des autres humains ou des autres espèces vivantes. Le fait de vivre au service de l'ensemble est un engagement social authentique, et la seule façon de pouvoir s'engager au service des autres, c'est de reconnaître en soi et dans les autres quelque chose qui grandit mais qui n'appartient à personne.

Je ne peux grandir que si ce qui grandit en moi n'est pas de l'ordre du moi. Saint Jean dit : « Il faut qu'Il croisse et que je diminue » et saint Paul : « Ce n'est pas moi qui vis, mais le Christ qui vit en moi. » Le jour où je reconnais que je peux grandir, mais que ce qui grandit n'est pas moi, on peut sentir un engagement, on pourrait dire une « obligation » au sens le plus profond du mot. Celui qui grandit de cette façon-là grandit dans un sentiment d'interdépendance naturelle et de service obligé, parce que c'est le mouvement de vie du tout, avec une absence d'ambition qui fait que c'est sa compétence naturelle, son don naturel qui est mis au service du tout. Je crois que la caractéristique première de cet engagement, c'est que c'est beaucoup plus un partage ludique qu'une action visant un résultat ; c'est un partage de la joie. On partage ensemble une croissance infinie.

On ne peut envisager une spiritualité indépendante du social, mais je crois qu'il faut revenir à des réalités premières. Au départ, une société organisée est une société qui se protège pour pouvoir assurer ses besoins, et donc sa survie. La spiritualité représente la prise de risque de l'inconnu, de ce qui fait peur. L'organisation sociale est fondée sur des dynamismes de peur et de protection, le mouvement spirituel, lui, sur des dynamismes de foi. On est obligé, pour vivre une spiritualité, de prendre le risque de quelque chose qu'on ne connaît pas, donc qui nous sort de la structure sociale, d'un système qui est un système de protection. Une spiritualité, à son origine, est toujours une aventure, un risque. Abraham quitte le connu pour aller vers l'inconnu. La spiritualité, c'est percer le mur de l'immense habitude.

Mais lorsqu'en nous se révèle le mouvement de la vie, s'éveille également un sentiment de dette à l'égard du monde, qui fait qu'on va vouloir contribuer au processus en cours. Ce qui, à une époque, était perçu comme un champ de bataille pour l'homme aveugle et ignorant devient un terrain de jeu pour celui qui s'est ouvert à ce grand mouvement de la vie. Il ne s'engage plus dans une bataille, il entre dans un jeu.

Quand on parle d'engagement social, on a déjà à l'esprit l'image d'un monde avec des conflits, des difficultés d'être, et le mot engagement lui-même évoque plus qu'un simple engagement spirituel. C'est comme s'engager dans les ordres ou dans l'armée, ce qui véhicule l'idée d'engagement pour ou contre. Alors qu'en fait l'engagement devrait suivre de façon naturelle la perception du dynamisme de la vie, où le monde n'est plus un champ de bataille mais un terrain de jeu. L'engagement consiste donc en fait à entrer dans la partie. À ce moment-là, le dynamisme est complètement différent, parce que les gens ne sont pas des ennemis mais des partenaires dans la partie en train de se jouer. Dans la vision traditionnelle, un engagement dans le sens dit de l'action se fonde sur la vision du divin et consiste à entrer dans le jeu de la gratuité, où il n'y a ni perdant ni gagnant. Tant que l'engagement social, même avec les prétextes de la générosité, relève d'un engagement contre quelque chose pour qu'il y ait un gagnant au bout, on perpétue des conflits et, nécessairement, la souffrance.

Une phrase de la Bible, qui est au cœur de l'Évangile, nous dit : « Aimez-vous les uns les autres. » Dans la vie au quotidien, notamment la vie économique, il y a des règles du jeu qui sont aux antipodes de cela. Comment à la fois essayer de vivre cette phrase, au cœur de tous les enseignements spirituels, et participer au jeu social ?

N'attendons pas que les autres nous aiment pour commencer à les aimer. Si je veux voir un changement, il faut que je sois digne du changement que j'attends. Si je veux que mes enfants me respectent, il faut que je sois respectable à leurs yeux. Si je veux que la jeunesse qu'ils représentent ne soit pas en révolte, il ne faut pas que moi, en leur présence, j'exprime quelque chose contre quoi il est normal qu'ils se révoltent. Combien d'entre nous sont capables de remettre radicalement en cause ce qu'ils sont au regard des êtres dont ils condamnent le comportement ? Le côté paradoxal de cette situation, c'est qu'il faut pouvoir aimer inconditionnellement l'autre tout en maintenant une exigence non névrotique vis-à-vis de soi-même. Quelle exigence ai-je vis-à-vis de moi-même ? « Suis-je digne de l'amour de l'autre ? Suis-je aimable ? » Lorsque nous nous demandons, à propos de quelqu'un, s'il est aimable, notre esprit interprète cela comme : est-il gentil avec moi ? Cela signifie en fait : est-il digne d'être aimé ? Je dois donc me poser la question : Suis-je aimable ? Suis-je digne d'être aimé ?

S'écarter du monde, c'est alors renoncer à condamner le monde. On se regarde et on se dit : qu'est-ce que je fais, moi, qui fait que le monde va pouvoir me respecter ? Et on se rend compte — pas en dix jours ou dix semaines, mais peut-être en dix mois ou même dix ans — qu'on génère autour de soi des comportements différents. Les êtres bougent, changent, parce qu'on s'est rendu véritablement aimable. Ce qu'on est fait du bien autour de soi, et les êtres, avec le temps, sont touchés, changent, parce que c'est quelque chose qui est vécu régulièrement. Et, enfin, si on fait du bien autour de soi, c'est non pour se faire plaisir à soi ou même à l'autre, mais bien pour donner le goût à ceux à qui on fait du bien d'avoir envie de faire du bien à leur tour.

SPIRITUALITÉ ET POLITIQUE

Dans quelle mesure les personnes concernées par la spiritualité doivent-elles s'engager dans la transformation des structures sociales ?

Je me méfie beaucoup du terme « engagement » tant qu'il exprime une réaction à quelque chose en place. Un engagement pour cache toujours un engagement contre, alors que l'engagement spirituel n'est ni pour ni contre, et ce que je crains, lorsqu'il s'agit d'engagement à ce niveau là, c'est que le religieux devienne le politique du spirituel. La différence entre le politique et le religieux, dans ce contexte, c'est que le politique est la mise en place de rituels sociologiques qui n'ont pas besoin de Dieu, qui concernent des contrats que les hommes passent entre eux pour gérer au mieux leur vie, avec un projet qui, bon an mal an, relève du bonheur en ce monde. Le religieux serait un contrat passé entre Dieu et les hommes pour gérer au mieux leur vie entre eux, afin que s'ils ne trouvent pas le bonheur ici, au moins, ayant observé les règles de ce contrat, ils le trouvent après la mort.

Dans les deux cas, il s'agit d'une « politique » du bonheur. La spiritualité dépasse le simple contrat du bonheur, mais — c'est terrible à dire — j'ai peur que le spirituel vrai, au-delà du bonheur, concerne peu d'hommes.

N'est-ce pas tout de même un terreau dans lequel la spiritualité va pouvoir s'épanouir ? Quand on regarde l'histoire, on s'aperçoit que de grands spirituels se révèlent à des époques où la religion imprègne la société dans laquelle ils vivent.

Je n'ai pas vécu dans ces sociétés-là, mais les sociétés religieuses ou politiques dans lesquelles je vis me montrent que la nature humaine est partout la même, sous les habits du militant politique ou ceux du religieux. La spiritualité, dans son enseignement le plus pur, c'est-à-dire transmis d'homme à homme, oblige à l'humain. Je crois qu'un véritable être humain est celui qui a le souci de l'humain, le souci de soi et le souci de l'autre, et qu'il sera humain quel que soit son vêtement, religieux ou politique. Il fera du bien dans le monde religieux ou dans le monde politique. La politique, c'est ce qui concerne l'organisation de la cité, le bon ordre des choses de la vie collective dans la cité. Cela signifie que tout le monde est concerné, de la même façon que l'Église est l'assemblée de tous ceux qui ont entendu l'appel. Il y a au départ des êtres humains plus ou moins capables d'accomplir une action sans songer égoïstement au fruit de cette action, des êtres capables de vivre au service les uns des autres. Je peux laisser quelqu'un se soumettre à moi si je me soumets moi-même à l'ensemble que nous constituons tous les deux, et par là à l'intelligence de l'ensemble que nous constituons tous. À l'image du nombre d'or — rapport entre deux parties inégales formant un tout, égal au rapport entre le tout et la plus grande des deux parties —, qui nous fait découvrir que l'égalité entre les êtres n'est pas liée à l'identité de leurs pouvoirs respectifs mais à l'identité de leurs soumissions respectives. D'où l'équation que l'on pourrait appeler équation de la relation d'or. Pour qu'une telle relation soit, il faut, il suffit, que lorsque le faible se soumet au fort celui-ci à son tour se soumette à l'ensemble qu'ils constituent tous les deux : le fort protège alors le faible. Dans une société ainsi structurée, chaque être se soumet en fait aux autres parce que les autres se soumettent à l'ensemble qu'ils constituent. Une intelligence globale habite toutes les parties et les relations des parties entre elles.

Quand vous décrivez le fonctionnement d'une société où chacun est au service de l'autre, comme vous venez de le faire, il s'agit d'une société idéale...

L'engagement dans le sens de l'action juste n'est possible que si l'on passe de la vision d'un champ de bataille à celle d'un terrain de jeu — dans la mesure où on le vit comme un jeu sans fin et non dans l'urgence de l'établissement d'une société idéale. On est à la poursuite d'une utopie, mais comme c'est un jeu, on le fait de bonne grâce. Si j'aime mon prochain, je ne l'aime pas avec à la clé l'idée qu'un jour sur terre tout le monde va s'aimer, façon Hollywood, mais je l'aime parce que c'est la règle du jeu — non une loi sur un champ de bataille —, que cela me paraît naturel, évident. Je suis sur un terrain de jeu, donc je joue avec pour seule règle d'aimer mon prochain et de faire ce qu'il y a à faire. « Aime et fais ce que tu veux avoir fait quand tu te mourras », dit saint Augustin. Il faut aimer, et non seulement faire ce qu'on veut, mais aussi ce qu'on aimerait avoir fait au moment où l'on mourra. Parce qu'à ce moment-là la question sera : comment as-tu aimé ?

Ce qui est primordial, c'est d'enlever la charge militante associée à la notion d'engagement, laisser cette place vacante pour donner la possibilité à l'esprit ludique d'y apparaître, et découvrir que l'amour est la règle du jeu de la vie, que c'est en aimant que le jeu se précise et révèle ses facettes cachées.

Une politique ou une religion voudraient peut-être plaquer du sens sur le monde, alors que le jeu révèle le sens inhérent au monde. Ce n'est pas parce qu'on existe que l'on aime, mais parce qu'il y a de l'amour qu'on existe. Si nous sommes programmés pour aimer, c'est que nous sommes programmés par l'amour. C'est pourquoi nous ne pouvons faire autrement que d'aimer. Si on laisse peu à peu s'exprimer ce par quoi on a été fait, on finira par faire ce pour quoi on est fait, et c'est alors l'amour qui monte, ce ne peut être autre chose. Le comportement des sages est toujours associé à des comportements d'enfants qui jouent, d'enfants de l'amour, d'enfants de la gratuité.

Je ne crois pas qu'il y ait un modèle de société qui soit parfait, parce que l'idée même que l'homme se fait de la perfection est politique, non spirituelle. Le but n'est pas un modèle idéal, le but est de jouer.

La spiritualité est le fruit d'une maturité dans la façon dont on vit ses relations, ce qui revient à voir comment on aime ou non sa femme ou son mari, ses enfants, ses parents ; comment on assume ou non certaines responsabilités. Petit à petit se révèle une intimité féconde avec l'humain, qui permet de voir combien la foire d'empoigne dans laquelle nous nous trouvons tous génère un éloignement des valeurs premières : s'occuper des siens, consacrer du temps à ses enfants, à ses parents vieillissants, ne pas tolérer qu'un être souffre. Comment ne pas avoir honte d'être humain quand on voit des êtres mourir de faim ? Nous sommes sur un terrain de jeu, certes, mais sur ce terrain de jeu on n'a pas le droit de laisser mourir des gens ainsi.

Vous avez quand même un accent de révolte en disant cela...

Oui, parce qu'il y a là un gâchis. Mais je reste convaincu que c'est seulement quand on n'agit plus par peur ou par réaction qu'on peut mener une action qui ait du sens à long terme.

Je me révolte effectivement devant une situation donnée, mais mon engagement m'oblige à me rappeler qu'il ne faut pas que j'agisse seulement par réaction à une situation, parce que je vais être emporté par une émotion, et il ne me semble pas que ce soit juste en soi. La réaction à la souffrance peut-elle être la source d'une action féconde ? À long terme, oui, si l'on est vigilant ; mais la spiritualité n'est pas une fabrique de combattants contre l'injustice. Cultiver la représentation d'un monde idéal cache bien souvent la représentation d'un moi idéal. La politique informe les gens et leur fait croire que, parce qu'ils sont informés, ils vont changer. Elle fonctionne sur des systèmes d'information-nourriture. Il y a là une grande confusion. Le politique est informé socialement, scientifiquement ou religieusement, mais un être informé ne change pas pour autant. Seuls changent les êtres conscients. Nous aurons alors un être religieux conscient, ou un être politique conscient, conscient et responsable, quelqu'un qui a été transformé par le dedans. Ce qui fait la grandeur des maîtres spirituels, c'est que ce ne sont justement pas des gens qui en informent d'autres, mais des êtres capables d'éveiller d'autres êtres, de leur donner un travail qui les rende plus conscients de ce qu'ils sont et de ce qu'ils font. Un engagement n'a de sens que s'il est fondé sur la conscience.

Plus on devient conscient et responsable, plus, paradoxalement, on devient ludique. Le paradoxe des êtres spirituels, c'est que leur comportement extérieur est en apparence plus ludique que grave. En réalité, on s'aperçoit dans la durée que ces êtres ont un impact beaucoup plus vaste et profond qu'il n'y paraît sur ce qui se passe autour d'eux. Ainsi passe-t-on de la lucidité à la « ludicité ».

LE TERRAIN DE JEU

Le caractère ludique du monde, l'Inde l'a appelé la *lîlâ*, et c'est apparemment cela la vision finale. Ces êtres, parce qu'ils sont devenus plus conscients, ont développé une qualité de perception, où le fait de voir que tout est conscience engendre la dimension du ludique en eux, et, paradoxalement, ce sont eux qui sont devenus les plus responsables. Ces êtres sont capables d'une action fondée sur la conscience — pas seulement sur l'information et la réaction —, et ils n'ont surtout pas le sentiment d'avoir une mission.

C'est une différence que je fais encore entre le politique et le spirituel. Les êtres conscients transforment le monde parce qu'ils deviennent des pôles de conscience qui n'imposent pas. Quand on est au contact de quelqu'un de conscient et joyeux, on n'a pas l'impression que quelque chose nous est imposé, mais d'être invité à entrer dans une ronde, une partie en cours, et on a plus envie d'entrer dans une partie de jeu que d'adhérer à un parti.

De plus en plus de gens finissent par prendre conscience qu'ils se trouvent intérieurement en décalage avec la politique, les méthodes, les objectifs de la société pour laquelle ils travaillent. Dans quelle mesure essayer de faire le mieux possible le travail qui nous a été affecté dans l'espèce de niche professionnelle où nous sommes placés, et dans quelle mesure refuser de servir une cause à laquelle on a cessé d'adhérer ?

Le grand piège, c'est la peur : on pense qu'on ne peut agir qu'en possédant un certain pouvoir, alors que ce sont les actes de foi qui transforment les choses. Moins on se bat à partir d'une information — qui est un pouvoir —, plus on prend le risque de la conscience — qui est un non-savoir (être conscient ne veut pas dire savoir quelque chose) —, plus la vie devient elle-même un acte de foi, et c'est alors qu'on invente de nouveaux outils. La grandeur du jeu divin, c'est d'inventer la règle et l'outil à chaque instant, mais quand inventer la règle revient chaque fois à aimer, cela peut prendre toutes sortes de formes. C'est cependant la même règle, ce qui — soit dit en passant — nous donne la mesure exacte du courage et de la persévérance que doit puiser en lui un chrétien authentique pour vivre selon la foi, et du sens de ce commandement : « Aimez-vous les uns les autres », que le Christ prolonge et complète ainsi : « comme je vous ai aimés ». Il nous a aimés de telle façon qu'il nous a donné envie d'aimer non seulement notre prochain, mais aussi nous-mêmes, en nous obligeant à nous-mêmes. Il coupe la distance entre nous et l'image politiquement ou religieusement correcte que nous voudrions atteindre.

Seul celui qui nous aime de cette façon peut nous reconnecter avec quelque chose en nous se trouvant « plus proche de nous que notre veine jugulaire » et faire ainsi naître une reconnaissance de ce que nous sommes vraiment. Telle est la source de l'éveil de la foi véritable. On peut désormais agir à partir de la foi, sans qu'il soit besoin d'un but tangible — telle la justice — pour s'engager dans le combat pour l'humain. Ce qui est vraiment conscience devient alors action. C'est ainsi que naissent les hommes politiques dans le royaume.

Chapitre 15

Les trois dettes

Dans la tradition hindoue, l'homme vient au monde avec trois dettes : la dette envers Dieu (ou les dieux), la dette envers les sages et la dette envers les ancêtres. Toute vie doit donc au départ considérer le paiement de ces trois dettes.

La dette envers les ancêtres est payée par la procréation — faire des enfants qui leur et nous succèdent en assumant la pérennité du groupe humain — ainsi que par le culte rendu à travers les rites funéraires. Mais au-delà du culte de leur mémoire, cela consiste aussi, toujours selon la tradition hindoue, à ressusciter les morts dans notre vécu.

La dette envers les sages et les rishis*, c'est-à-dire ceux qui ont transmis les textes et permis aux différentes révélations d'être connues, doit être payée par l'étude de ces textes et surtout par le fait de les vivre soi-même.

Enfin, la dette envers Dieu ou les dieux, c'est ce que l'on doit à Celui qui s'est sacrifié pour créer le monde, ce qui revient à entrer à notre tour dans ce grand sacrifice sans cesse recréateur du monde.

En dehors de ces trois dettes citées, il en existe une quatrième, contenue dans la tradition mais implicite : la dette d'hospitalité envers le prochain. Une dette qui implique une responsabilité d'accueil et de soin de l'autre, de l'inconnu, qui correspond au devoir de compassion.

Le dénominateur commun de ces trois dettes et des trois façons de les payer réside dans la prise de conscience du fait que l'on ne reçoit véritablement qu'au moment où l'on transmet à son tour, et que quelque chose n'a véritablement été reçu qu'au moment où nous l'incarnons dans la transmission. L'obligation de la dette, donc du rachat, est une obligation de la vie et de la conscience. Quiconque entre dans l'intimité de ce que représentent ces dettes de la naissance comprend le mystère propre à toute tradition, lequel est lié à la transmission. Transmettre, c'est continuer, faire en sorte que le processus vive.

Évidemment, la vraie dimension de la guérison dépend aussi de ce processus : on ne peut guérir que dans la mesure où l'on rachète ce qui a besoin d'être réparé.

Dans la tradition, seule est considérée comme spirituelle une guérison qui remet d'abord les fautes à l'origine du mal. En d'autres termes, comme je l'ai déjà dit, une guérison spirituelle n'est possible que si, en guérissant la personne, on la hisse au niveau de conscience où elle se serait trouvée elle-même si elle avait résolu ce que cette maladie venait lui enseigner. Bien sûr, il est normal que le médecin intervienne sur notre maladie avec ses moyens spécifiques. Mais dans le cadre de l'évolution spirituelle, selon la tradition, guérir ne doit pas uniquement consister à retirer un mal : on doit en priorité agir au niveau de la conscience. C'est l'attitude de rigueur face à toute maladie, qui devrait être celle de tout thérapeute face à un malade. Le Christ, dans les Évangiles, remet les péchés, les fautes ; dans une vision orientale, on dirait qu'il remet le karma. Lorsqu'on retire le mal d'une personne, il faut aussi apprendre à celle-

ci à se hisser au niveau de conscience que ce mal venait lui
apprendre.

Toute thérapeutique profonde devrait être accompagnée
d'un processus de prise en charge personnelle. Le malade
doit se responsabiliser. De même, on doit s'approcher de
manière responsable d'un enseignement spirituel véhiculé
par une tradition. On ne peut se contenter d'attendre la
réponse de l'autre (guru, sage ou prêtre...), mais être capable de répondre de notre question et de notre démarche
avant même qu'il soit répondu à notre question et à notre
démarche. Avant de poser une question, il faut se demander si l'on est capable d'être responsable de sa démarche :
est-ce que je viens en touriste ou suis-je capable d'assumer
les conséquences de ma démarche, d'être responsable de la
réponse qui va m'être donnée ? Puis-je répondre de ma
question avant qu'il ne soit répondu à ma question ?

Toute nouvelle connaissance implique une nouvelle responsabilité, un nouveau devoir ; en tout cas, un grandir de
son devoir. Dans la démarche de la guérison, un individu
qui vient pour se faire guérir — et ce dans un contexte
spirituel plus encore que dans un simple contexte médical
— se doit d'agir en coresponsabilité. Il ne peut prétendre
venir seulement pour se faire retirer quelque chose et en
être débarrassé : il vient pour assumer un défi, un chal-
lenge, pour accomplir un processus de croissance réelle.
Dans une relation thérapeutique devrait s'instaurer une
relation de croissance qui implique la responsabilité de
celui qui vient voir le thérapeute et lui dit : « Voilà, j'ai ce
problème, je n'y vois plus clair, aidez-moi ; ensemble, on
devrait arriver à voir ce que je ne vois pas tout seul. Et je
suis prêt à payer le prix pour cela. » Et payer le prix ne
veut pas dire simplement payer une somme d'argent : il
s'agit aussi de payer de sa personne au niveau d'une démar-

che intérieure. Enlever ou camoufler le symptôme sans essayer de comprendre le signe qu'il y a derrière, sans changer de comportement ni évoluer, revient seulement à faire reculer le mal qui resurgira ici ou ailleurs. Dans une perspective spirituelle, il faut être prêt à travailler, prêt à grandir : le symptôme est alors utilisé comme un guide de ce travail, et cette démarche responsable va aider à la relation thérapeutique et à la croissance de l'individu. C'est évidemment tout le contraire qui se passe dans la vie courante, où les gens ne demandent la plupart du temps qu'à être débarrassés de quelque chose qui les ennuie, se déresponsabilisant complètement sur une structure thérapeutique qui prend tout en charge, depuis la Sécurité sociale jusqu'au médecin.

De même, dans une relation de guidance spirituelle, si l'on part de cette sorte de faux protocole en s'en remettant entièrement à un maître à croire ou à penser, on ne fait que créer une extrapolation à partir d'une démarche erronée, qui consiste d'abord à ne pas se prendre en charge. Un vrai maître, ou guide, doit toujours nous amener à reconsidérer le point de départ de cette démarche et à nous rendre coresponsables du processus d'évolution. Lorsque au contraire une personne vient voir un médecin de l'âme avec cet esprit responsable, le thérapeute va pouvoir donner toute sa dimension et entrer dans le vrai pouvoir de guérison qui est en lui s'il a mené un chemin spirituel authentique, qui fait qu'il possède la vraie médecine : il est amour, il est pardon, il n'est pas séparé de son patient, et ceci le rend capable, par une relation alchimique profonde, de mettre en route chez son patient un processus qui est celui du grand pardon et qui commence par le repentir traditionnel, la metanoïa, c'est-à-dire le retour sur soi, la transformation de sa vision de soi et du monde.

Malheureusement, dans le monde médical comme dans le monde spirituel, il y a beaucoup de médecins du protocole habituel, et beaucoup de charlatans, mais peu d'êtres qui ont en eux l'amour, ce pouvoir de guérison et de pardon qu'a incarné le Christ ou, plus récemment, d'autres grands êtres spirituels. Je pense, chez nous, au maître Philippe qui soignait et disait, lorsqu'on lui demandait d'où venaient ses pouvoirs : « De l'obéissance à un seul commandement : aime ton prochain. »

À une moindre échelle, il y a un pouvoir de guérison que tout être humain devrait pouvoir incarner : celui qui consiste à ne pas empoisonner les autres. Je dirais qu'avant de vouloir rencontrer un grand sauveur, quel qu'il soit, il faut d'abord savoir qu'individuellement nous avons tous été empoisonnés par d'autres, et que nous avons nous-mêmes empoisonné. Lorsque nous sommes inhibés par quelqu'un dans notre dynamique d'être, nous sentons bien que nous sécrétons en nous un poison. Le langage populaire exprime parfaitement ce fait : « Celui-là, il m'empoisonne. » C'est l'inhibition du comportement chère à Henri Laborit, dont le seul antidote est l'amour véritable.

Si l'on veut participer du processus de guérison collective, il faut veiller à ne pas se laisser empoisonner et à ne pas empoisonner les autres. C'est très subtil et très puissant. Le remède absolu est l'amour. Une réflexion ultime sur ce processus de guérison nous ramène à la dette fondamentale du départ : une bonne façon de ne pas empoisonner les autres, c'est de rendre à l'Un la dette qu'on a envers lui, donc d'entrer dans le grand sacrifice du monde, de prendre-transformer-donner — c'est la loi qu'incarnent tous les grands sages —, de donner et de rendre plus qu'on a pris — c'est le devoir eucharistique. Il y a aussi la dette envers les sages qui ont laissé un témoignage, celui de leur

réalisation, que l'on se doit d'étudier, d'incarner et de restituer dans notre vie. Et il y a enfin la dette envers les ancêtres, qui consiste à transmettre à nos enfants cette
conscience, afin qu'ils ne se contentent pas de continuer la
vie, mais deviennent un lien vivant de la réalisation ; ainsi
ennoblirons-nous l'action de tous nos ascendants en faisant
grandir la conscience qu'ils nous ont transmise et en la
transmettant à nos enfants pour qu'ils fassent de même.
C'est cela entrer dans le processus de rédemption et de
réparation du monde, qui est le processus de guérison.
Guérir vient de *gare*, « faire attention ».

Guérir, c'est protéger.

Conclusion

De l'arrogance du matin à l'humilité du soir

En faisant référence à l'arrogance, je pense d'abord à mon enfance lorsque, à la suite d'une représentation des *Dix Commandements* de Cecil B. De Mille que j'étais allé voir au cinéma, je m'étais empressé de faire jouer tous mes petits camarades d'internat à un grand jeu dans lequel, bien sûr, je tenais le rôle de Moïse ! Depuis ma petite enfance, j'ai toujours eu une inclination pour les rôles de chefs spirituels. Lorsque à l'adolescence j'ai lu *Les Grands Initiés* d'Édouard Schuré, hommage auquel je fais allusion dans le premier chapitre de ce livre et qui romançait les vies de tous les grands prophètes de l'humanité, je me suis immédiatement senti vibrer à l'évocation de leurs parcours, au point de vouloir globalement assimiler leur message : à un ami américain qui me demanda à cette époque ce que je voulais faire plus tard, je répondis : « Prophète ! » C'était certainement très orgueilleux de ma part et tenait, comme me le formula mon maître, « plus d'une ambition que d'une mission ».

Avec le recul, je me rends bien compte de toute l'arrogance et de l'immense orgueil qu'il y avait à vouloir devenir un tel homme avec une telle carrière spirituelle. Néanmoins, je ne peux renier l'extraordinaire expérience que cet itinéraire m'a fait vivre. Je suis comme un être qui s'est retrouvé avec une ouverture de conscience et une ouverture à l'inspiration, et grâce à cela il m'arrive de voir et de dire des choses liées à la nature même de la vie. Mais en même temps je suis resté un être humain ordinaire, le même être ordinaire aussi loin que je me souvienne, c'est-à-dire pétri des mêmes peurs, des mêmes émotions et des mêmes incertitudes. Je pensais qu'au bout de trente ans de recherche spirituelle je serais devenu quelqu'un de complètement différent, quelqu'un d'établi dans cet éveil que j'ai connu : il n'en est rien. Je ne suis pas un être réalisé, en tout cas tel que la tradition l'évoque : je ne peux dire que le fond de mon tempérament ait été modifié malgré tout le travail effectué dans ce sens, même si je ne suis apparemment pas totalement dirigé par lui.

Après toutes ces années, tout ce qui pouvait ressembler à une protection, à une sécurité, à un savoir spirituel rassurant disparaît. On en revient à l'ignorance de l'homme dans une dimension transcendante. On reste l'être de mystère qu'on était en naissant. La grande conversion, c'est d'arriver à transformer la peur qu'on éprouve face à ce mystère, surtout lorsqu'on est soumis, comme je le suis depuis quelques années, à la maladie, à l'évolution d'un mal qui semble inexorable. À l'approche de la mort, le fait de connaître cette peur et cette inquiétude met d'autant plus en valeur ce que la spiritualité, chrétienne en particulier, mais aussi toutes les autres, appelle la foi. Une foi qui ne repose justement plus sur rien, sur aucune connaissance, aucune sécurité. Au bout d'un cheminement de trente ans, on voit bien les différences entre les projections que l'on pouvait faire sur la possibilité d'être constamment établi dans la sérénité de l'éveil et du nirvâna et l'expérience quotidienne du vacillement de la foi.

Cette foi qui ne repose sur rien nous renvoie sans cesse à notre façon de gérer la réalité du rien que nous sommes. On ne peut rien changer à cette vérité profonde que nous ne sommes rien, que rien n'a de sens, que rien n'a de finalité autre que d'être ce qu'il est. Arriver à vivre avec cette absence de sens renvoie à la profondeur de notre foi. Et c'est alors qu'on devient humble : ce n'est pas tout ce qu'on a acquis, tout ce qu'on sait ni même ce qu'on a expérimenté qui compte, mais ce qu'on est, ce qui est, en toute simplicité, sans jouer, dans l'instant. Le vécu de la foi, ce vécu dans l'homme qui reste quand tout lui échappe, c'est cela la hauteur de l'accomplissement d'une vie d'homme qui n'a plus besoin d'étiquettes, de religion, de philosophie. Et quelqu'un qui vit cela au jour le jour devient humble. Nos prophètes occidentaux, Moïse, Jésus, Mahomet, sont eux-mêmes des témoins de la foi questionnante et se questionnant. Prenons le seul exemple de Jésus au jardin de Gethsémani : il est dans l'angoisse, près de lui ses disciples, à qui il a demandé de veiller et de prier, se sont endormis. Il reste seul, avec son âme triste à en mourir, dans l'inquiétude. « Mon Père, s'il est possible, que cette coupe passe loin de moi ! Cependant, pas comme je veux, mais comme tu veux » (Matt. XXVI, 39). Il redoute l'épreuve, mais il est prêt à l'accepter selon la volonté du Père. Et il connaîtra le secret de cette question ultime au moment où, sur la croix, citant à nouveau l'Écriture il dit : « Père, Père, pourquoi m'as-tu abandonné ? »

Je crois que l'humilité d'un être humain au terme d'un long chemin réside dans la qualité de sa foi : en traversant les expériences les plus dévastatrices, les plus déroutantes, les plus impressionnantes, peut-il s'appuyer sur rien ? Garder le rien comme fondement ? Garder l'incompréhension, le mystère, l'absence de sens et pouvoir vivre sans rien

demander, c'est cela la foi. Et cette foi, on ne peut pas
en faire l'objet d'une technique, le résultat d'une recette
miraculeuse. C'est pourquoi j'aimerais dire au terme de ce
livre combien tout ce parcours m'a amené à ce constat
d'humilité que mon maître a essayé de m'enseigner, que la
vie en société a essayé de me montrer aussi et que ma
maladie me répète chaque jour : on n'est rien, mais c'est
sur ce rien que tout se bâtit. On ne peut qu'oser prendre
le risque de l'immense et de l'inconnu, oser la foi. Pascal
disait : « Faites les gestes de la foi et vous aurez la foi. » Il
me semble que c'est la seule chose que je sache vivre. Je
voulais rester simplement comme l'ami sur le chemin avec
qui on partage, avec qui on s'oblige à l'approfondissement
d'une réflexion, avec qui on va au-delà des bavardages de
surface. J'espère qu'au travers de ce livre comme au travers
de ces années j'aurai servi au moins à cela : montrer
comment s'obliger à approfondir une réflexion pour avancer sur le chemin de la vie.

Glossaire

Âshram : lieu de l'effort spirituel, communauté autour d'un maître ou d'un enseignement, monastère.

Brahman : la réalité suprême une et indivise, mais pouvant être expérimentée sous deux aspects : avec qualités — saguna Brahman —, c'est la manifestation cosmique, l'immanence ; sans qualités — nirguna Brahman —, c'est le non-manifesté, la transcendance.

Darshan : nom donné au moment où le maître est visible ; par extension, le moment du rendez-vous pour les entretiens.

Devotee : dévot, fidèle.

Entropie : en thermodynamique, fonction définissant l'état de désordre d'un système, croissante lorsque celui-ci évolue vers un autre état de désordre accru. Néguentropie : entropie négative ; augmentation du potentiel énergétique.

Kôan : Dans le bouddhisme japonais, le kôan est une question posée par un maître, dont la réponse doit être davantage fournie par l'intuition que par la pensée.

Lîlâ : le jeu divin.

Mâlâ : chapelet indien.

Rishis : les sages, les prophètes de l'Inde, ceux qui ont vu la vérité.

Sâdhana : pratique d'une discipline spirituelle, ascèse.

Sâdhu : moine mendiant qui sillonne les routes de l'Inde de lieu saint en lieu saint à la recherche de la vérité.

Sahasrâra : le centre du lotus aux mille pétales dans la termi-nologie yogique et tantrique, où se réalise l'union des contraires sous la forme de l'union de Shiva et de sa Shakti, du dieu et de la déesse.

Sannyas : le sannyasin renonce au monde et se consacre exclusivement à la réalisation spirituelle.

Satsang : s'assembler auprès d'un être réalisé ; réunion autour d'un maître, au cours de laquelle l'enseignement est dispensé.

Swami : moine.

Bibliographie des auteurs cités

Chandra Swami, *L'Art de la réalisation*, Albin Michel, 1985.
—, *Le Chant du silence*, les Éditions du Relié, 1998.
Jean Klein, *Qui suis-je ? La quête du sacré*, Albin Michel, 1989.
—, *Transmettre la lumière*, les Éditions du Relié, 1993.
H.W.L. Poonja, *Le Réveil du lion*, les Éditions du Relié, 1993.
Shri Râmakrishna, *L'Enseignement de Râmakrishna*, Albin Michel, 1978 ; éd. et préf. par J. Herbert, Albin Michel, 1991 ; 2005.

Remerciements

Cet ouvrage a été réalisé à partir d'entretiens faits pour les revues *Terre du Ciel, 3ᵉ Millénaire, Nouvelles Clés* et sur la base de longues conversations complémentaires avec Marc de Smedt. Que soient donc remerciés ici tous ceux qui y ont collaboré : Evelyne et Alain Chevillat, Jacques Albohair, Gérard Faure, Renata de Vesle, Philippe Muller, Claude et Eliane Vaux, Bruno Solt, Nelly Lhermillier, Véronique Massin, Evelyne Denise, Marie de Smedt et Nadège Amar.

Table

Table 205

Composition Nord Compo
Impression : Imprimerie Bussière, mai 2008
Editions Albin Michel
22, rue Huyghens, 75014 Paris
www.albin-michel.fr
ISBN 978-2-226-15900-7
ISSN 1147-3762
N° d'édition : 25754 – N° d'impression : 081748/1
Dépôt légal : mars 2005
Imprimé en France.